KB264333

쉬운 세일즈

쉬운 세일즈

초판1쇄 발행 2010년 5월 18일

지은이 최환규
발행인 김순정

북디렉터 이선민
편집팀장 김민수
홍보관리 김순애 김영미
디자인 이수영
마케팅 김태훈

펴낸곳 순정아이북스
등록번호 제16-2832호
등록일자 2002년 10월 8일
주소 서울시 서초구 서초동 1330-18 현대기림빌딩 704호
전화 (02) 597-8933
팩스 (02) 597-8934
홈페이지 www.soonjung.net
이메일 bestedu11@hanmail.net

＊순정아이북스는 순수와 열정으로 영혼이 춤추는 책을 펴냅니다.

ISBN 978-89-92337-24-3 (13320)

쉬운 세일즈

최환규 저

순정아이북스

SALES 제대로 이해하기

과연 세일즈란 무엇인가?

세일즈의 사전적 의미는 '효용을 갖춘 상품이나 용역을 필요로 하는 대상(고객, 소비자, 사용자)에게 적정 루트를 통해 대상이 필요로 하는 시기 이전에 특정지역에서 필요한 도구를 활용하여 판매하고 수금하며, 이것을 통해 고객의 만족과 특정 기업의 이익을 창출하는 활동으로 즉, 필요(Needs)와 욕구(Wants)를 찾아 해결하는 과정'이다. 이 정의에 따르면 세일즈는 다양한 방법으로 고객의 필요와 욕구를 찾아 고객이 만족하는 방법으로 충족시켜 주는 과정이라는 것을 알 수 있다.

여기서 말하는 고객의 범위를 좁게 해석하면 단순히 유형의 상품 거래를 하는 사람을 말하지만 그 범위를 넓게 보면, 일상생활에서 일어나고 있는 거의 모든 일들이 세일즈의 한 형태이다.

예를 들어 회사에서 부하가 제안서를 만들어 상사를 설득하는 것도 일종의 세일즈이다. 부하는 상사를 설득하기 위해 상사의 필요와 욕구를 충족시켜야 하고, 자신의 제안서가 채택되어 회사의 발전에 기여하면 승진이나 보너스 등 유형의 보상과 인정과 같은 무형의 보상을 함께 얻을 수 있다. 이런 과정들이 상품을 판매하는 세일즈와 동일하기 때문이다.

시대가 바뀌면서 세일즈의 역할과 중요성이 점점 커지고 있지만 세일즈를 바라보는 시각은 별로 변함이 없다. 아직까지도 '사농공상'의 사상이 직업 선택의 기준이 되다 보니 세일즈의 중요성은 알고 있지만 막상 자신의 직업으로 선택해야 하는 순간이 되면 망설이게 되는 것이 현실이다.

필자의 후배 중 한 명은 기업에 컴퓨터를 판매하는 회사에 다녔다. 후배의 공식 업무는 SE(세일즈 엔지니어 Sales Engineer)인데 그 후배는 자신의 업무를 굳이 '시스템 엔지니어'로 표현했다. 자신의 업무에 '세일즈'라는 용어가 들어가는 것을 피하고 싶은 마음에서였다. 요즘도 그런 사람들이 많은 편이다. 그래서 세일즈 업무를 기피하는 우수한 인력을 채용하기 위해 '세일즈'라는 용어 대신에 '컨설턴트' 혹은 '마케터' 등의 용어를 사용해 차별화를 꾀히고 있다. 이러다 보니 실세 '세일즈'의 영역은 점점 넓어지고 복잡해지고 있지만 '세일즈'라는 용어는 고객을 만나 제품을 판매하는 가장 기본적인 영역에 국한돼 사용되고 있다.

판매를 넘어 컨설팅으로

과거의 세일즈는 고객의 필요와 목적에 상관없이 단순히 물건을 판매하고 대가를 받는 것이 전부였다. 상품이 단순해서 누가 발품을 많이 파는가에 따라 세일즈의 성공이 달려 있었다. 학력과 경제력이 부족한 사람도 노력만 하면 돈을 벌 수 있는 좋은 방법이었고, 실제로 세일즈로 경제적인 성공을 이룬 경우도 많았다. 또한 자신의 제품을 판매하기 위해서는 끊임없이 다른 사람에게 구입을 부탁하거나 강요해야 했는데, 이런 이유 때문에 아직도 세일즈에는 '가난', '저학력' 그리고 '귀찮음'이라는 이미지가 남아 체면을 중시하는 우리나라 문화의 특성상 세일즈를 기피하는 경향이 존재한다.

그러나 이제는 '세일즈'라는 전문 영역을 바라보는 시각을 달리해야 한다. 지금은 고객의 욕구를 탐색하고 고객에게 가장 적합한 서비스를 제공하여 고객을 만족시키는 전문 영역으로 자리매김하고 있다. 세일즈에 종사했던 사람들의 노력 덕분에 전문 영역으로 빨리 자리 잡을 수 있었고 앞으로도 전문 영역으로 발전하는 속도는 더욱 가속화될 것이다. 이렇게 되기 위해서는 세일즈에 종사하는 사람들의 끊임없는 노력이 요구된다.

전문가 집단 중에서도 많은 고객을 직접 만나 세일즈를 하는 공인중개사의 사례를 보자. 공인중개사가 되려면 많은 준비와 자신의 분야에 대한 전문지식을 묻는 어려운 시험을 통과해야 한다. 고객들은 공인중개사의 그 전문성을 믿고 존중한다. 그러나 세일즈맨이 되기 위해 이처럼 열심히 오랜 시간 준비하는 사람이 얼마나 되겠는가?

결국 자신의 분야에 대한 전문지식이 있어야 전문가로 인정받을 수 있기 때문에 세일즈에 종사하는 사람들이 부단히 자신의 전문성을 높일 때 비로소 전문가로 인정받을 수 있을 것이다.

세일즈맨이란 무엇인가?

〈두산백과사전〉에 세일즈맨은 '상품 판매에 있어서는 이미 구매를 결심하고 있는 사람들을 대상으로 하는 경우와 구매 의욕이 없는 사람에게 구매를 권하는 경우가 있는데, 세일즈맨의 기능은 후자에 중점을 둔다. 이를 위해서는 고객의 선정·응대·호의의 획득과 유지에 뛰어나야 하고, 그와 동시에 고객의 의향을 정보로 하여 생산에 반영시키는 역할도 적극적이어야 한다'고 나온다.

과거 세일즈맨의 역할은 지금보다 단순했다. 고객이 제품의 정보를 얻을 수 있는 채널도 별도로 없었기 때문에 세일즈맨이 다른 세일즈맨보다 더 빨리, 더 많은 고객을 만나는 것이 세일즈 성공을 판가름했다. 특별한 지식이나 노하우도 필요 없이 오직 부지런히 고객을 만나 제품을 사라고 권유만 하면 충분했지만 이런 방식의 세일즈는 이제 더 이상 통하지 않는다. 시대의 변화에 따라 고객의 욕구가 변화됐고, 고객의 욕구를 충족시키는 방법 또한 변화가 필요하기 때문이다.

고객들의 경제력이 풍부해지고 구매력도 높아지면서 기업에서 생산하는 제품의 종류도 다양해지고 성능도 높아졌다. 또한 제품에 대한 정보를 얻을 수 있는 채널도 다양해지면서 고객은 세일즈맨보다 오히려 더 많은 정보를 갖게 되었다. 단순히 제품에 대한 정보만을 제공하던 세일즈맨의 시대는 끝난 것이다.

세일즈맨은 구매 목적이 있는 고객에게 자신의 제품을 단순히 소개하고 판매하는 역할에서, 구매 욕구가 없는 고객을 대상으로 고객 스스로가 자신의 욕구를 탐색하고 상품의 구매를 통해 욕구를 충족시킬 수 있도록 돕는 역할로 변화되었다. 따라서 세일즈를 성공시키기 위해서 세일즈맨은 과거처럼 단순히 제품만을 소개하는 것이 아니라, 고객의 욕구를 탐색해 고객이 원하는 가장 적절한 제품을 선정하기 위한 전문지식이 절대적으로 필요하게 되었다.

단순한 세일즈맨에서 맞춤형 솔루션 제공자로

우산을 예로 들어보겠다. 과거에 경제적으로 어려울 때 가족 수만큼 우산이 있는 가정이 드물었다. 비가 오는 아침이면 성한 우산을 먼저 차지하기 위해 소동이 일어나는 것은 흔한 일이었고 그나마 찢어진 우산이라도 사용할 수만 있으면 다행이었다. 이런 시기를 거쳐 경제가 발전하고 소득이 높아지면서 가족들 숫자대로 우산이 채워지더니 어느 순간 가족 수보다 우산 수가 더 많아지기 시작했다. 이 시점에서 우산을 구매하는 고객은 우산의 고유 기능인 '비를 피하는 것' 보다는 또 다른 무언가를 원하게 됐다. 이럴 때 세일즈맨이 세일즈에 성공하기 위해서는 고객이 원하는 또 다른 무엇을 찾아 고객을 만족시켜야만 한다.

이런 변화에 대응하기 위해 세일즈맨의 명칭을 '컨설턴트'라고 하는 기업이 늘고 있다. 명칭의 변화에는 두 가지 의미가 있다. 첫째는 역할의 변화이다. 단순히 물건을 고객에게 판매하는 세일즈맨(설계사, 판매원 등)의 역할에서 벗어나 고객이 필요한 것을 파악하여 가장 적합한 대안을 마련해 주는 역할로의 변화를 원하는 것이다. 말 그대로 고객에게 맞춤형의 솔루션을 제공하는 역할을 하는 것이다. 둘째는 세일즈맨의 의식 변화이다. 이를 위해서는 세일즈맨 자신이 원하는 상품을 자신이 원하는 시기에 고객에게 판매하는 것이 아니라 고객이 원하는 시기에 고객이 원하는 것을 제공하는 역할로의 변화가 필요하다. 명칭의 변화를 통해 자연스럽게 세일즈맨의 의식도 바꾸려는 것이다.

그러나 아직도 세일즈맨의 역할에는 미흡한 부분이 남아 있다. 세일즈맨이 가장 중요하게 여기는 것이 자신의 소득이고 회사 역시 세일즈맨에게 실적만을 강요하는 한 고객에게 적합한 솔루션보다는 자신에게 적합한 솔루션을 만들어 고객에게 제공할 것이기 때문에 진정한 컨설턴트가 될 수 없다.

특히 세일즈맨으로 오래 활동하고 싶은 사람이라면 더 많은 노력과 정성, 그리고 고객에게 감사하는 마음이 절대적으로 필요하다. 암 진단을 받은 사람이 경험과 전문지식이 풍부한 의사를 선택하지 수련의에게 수술을 받지 않으려는 것과 같이 고객은 누구로부터 구매를 하더라도 같은 금액을 지불해야 하고, 경험이 풍부하고 세일즈맨과 경험이 적은 세일즈맨 사이에는 분명한 차이가 있다는 것을 알기 때문에 경험이 풍부하고 신뢰할 수 있는 세일즈맨을 선호한다.

기업의 꽃, 세일즈맨

기업에서 가장 중요한 집단은 세일즈맨이다. 아무리 제품을 잘 만들더라도 세일즈맨이 없다면 무용지물이기 때문이다. 세일즈로 성공한 회사의 사례는 수 없이 많다. 반면 세일즈를 소홀히 해서 성공한 회사의 사례는 어디에서도 찾을 수 없다. 그만큼 회사의 생존에 절대적이지만 실제로 회사에서 세일즈맨을 대하는 태도나 방식을 볼 때, 정말 소중한 자원이라기 보다는 일시적인 계약관계, 심지어 소모품처럼 대우하는 경우도 많아 참으로 안타깝다. 장기적인 관점에서 세일즈맨을 속성으로 양성해 현장에 투입하는 것은 회사의 평판에 좋지 않는 영향을 미쳐 회사 경영에까지 영향을 줄 수 있다는 것을 인식해야 한다.

세일즈는 쉬울 수 있어도 진정한 세일즈맨이 되는 것은 어렵다. 단순히 상품 지식만을 안다고 훌륭한 세일즈맨이 되는 것이 아니라 고객의 입장에 서서 고객이 원하는 최상의 상품을 선택해 제공할 수 있는 사람이 진정한 세일즈맨이다. 세일즈맨이 돈을 벌기 위해 고객을 희생시키는 것이 아니라 고객과의 충분한 교류를 통해 고객이 원하는 욕구를 탐색하고 제대로 욕구를 충족시키는 제품을 제공할 때 고객과 원-원의 관계가 성립된다. 고객은 자신의 욕구를 충족시킬 수 있고, 세일즈맨은 고객에게 기여하여 보람을 느끼면서 금전적 이득을 얻을 수 있을 때 비로소 세일즈가 완성되는 것이다.

이를 위해서는 회사의 인식도 바꿔어야 한다. 진정한 세일즈맨을 양성하는 것은 회사의 생존과 직결된 것이라는 생각으로 세일즈맨을 회사의 가장 중요한 자산으로 인식해야 한다. 또한 고객과 세일즈맨을 회사를 위해 존재하는 사람이 아니라 회사의 발전에 기여하는 파트너로 인정해야 한다.

세일즈맨이 무엇이 좋을까?

　세일즈맨으로 활동할 때의 강점은 첫째, 주도적인 삶을 살 수 있다는 것이다. ‘하던 짓도 멍석 펴면 안 한다.’ 는 속담이 있다. 자신이 선택했을 때는 즐겁지만 다른 사람이 시켜서 하면 즐겁지 않고 하고자하는 마음이 없어진다는 의미이다. 사무실에서 일하는 직장인들은 끊임없이 간섭과 지시를 받아 일이 즐겁지 않고 이것은 스트레스로 연결된다. 반면 세일즈맨은 자신이 선택한 방법으로 자신에게 가장 효율적인 시간에 일할 수 있어 즐겁게 일할 수 있는 선택의 폭이 넓고 성과 또한 자신이 원하는 만큼 얻을 수 있다.

　둘째, 전문가로 인정받을 수 있다. 과거 ‘아무나 할 수 있는 직업’ 에서 점차 ‘아무나 할 수 없는 직업’ 으로 발전하는 것이 분명한 만큼 자신의 노력에 따라 얼마든지 전문가로 성장할 수 있다. 전문가로 성장하면 사회적으로도 인정받을 수 있고 스스로도 자부심과 자신감을 느끼면서 활동할 수 있게 된다. 이를 위해서는 세일즈에 종사하는 모든 사람들이 ‘내 모든 행동이 동료들에게 영향을 미친다.’ 는 것을 인식하고 행동해야 한다. ‘나 하나쯤이야.’ 하는 사소한 행동이 내 동료 세일즈맨에게 피해를 줄 수 있다.

　셋째, 평생 직업이 될 수 있다. ‘사오정’ 이라는 말이 있을 정도로 직장인의 가장 큰 고민은 한창 일할 때 퇴직해야 하는 것이다. 하지만 세일즈맨은 정년이 없다. 삶을 자신이 주도적으로 영위해 나갈 수 있기 때문에 오히려 더욱 건강한 시간을 보낼 수 있다. 자신의 노력 여하에 따라 자신의 고객을 자식에게까지 물려주어 대물림 하는 세일즈맨도 있다. 자신의 노력 여하에 따라 무제한적인 성과를 이룰 수 있고 이것을 바탕으로 더 열심히 활동할 수 있는 선순환이 가능한 것이다.

고객에게는 기쁨을, 세일즈맨에게는 보람을

세일즈맨으로서 열심히 일하다보면 자신도 모르게 사회에 기여하게 된다. 보험 상품의 경우를 보자. 만약 보험 상품을 판매하는 세일즈맨이 없다면 고객들이 어떤 영향을 받을지 생각하면 겁이 날 정도이다. 사고로 가족을 잃고 경제적인 어려움을 겪는 사람, 암으로 치료비를 걱정하는 사람 등 많은 사람의 고민을 해결해 줄 수 있는 것이 바로 세일즈맨이다.

세일즈맨이 잘 설계한 상품을 통해 고객이 혜택을 받으면 고객에게 도움을 주고, 자신이 판매한 제품을 생산한 기업의 성장에도 큰 도움이 된다. 그리고 세일즈맨 자신도 금전적인 이득을 얻을 수 있기 때문에 세일즈맨의 활동 그 자체가 국가 경제를 움직이는 동력이 되는 것이다.

어떻게 세일즈맨으로 성공할까?

세일즈맨으로 성공한다는 것은 돈을 번다는 것과 같은 말일 수도 있고 그렇지 않을 수도 있다. 세일즈맨의 진정한 성공은 반드시 고객과 함께 성장해야 하기 때문이다. 돈을 버는 것과 세일즈맨으로서의 성공은 다르다.

세일즈맨으로 성공하려면 세일즈맨이 자신의 목적을 위해 고객을 만나는 것이 아니라 자신의 상품으로 고객의 목적을 충족시키는 것에 보람을 느껴야 한다. 금전적 수입은 그 과정에서 따라오는 것이다.

금전적인 이득에 초점을 맞추는 세일즈맨이 성공할 가능성은 희박하다. 자신의 이득에 초점을 맞추게 되면 고객이 원하는 것보다는 자신이 원하는 것을 고객에게 판매할 가능성이 높아진다. 세일즈맨 자신의 이득을 위해서 고객의 선택은 무시하게 되고 고객에게 제품을 팔고자 강요나 압력을 가하기도 한다. 상품을 구매하더라도 자신의 욕구를 충족시키지 못하게 된 고객은 불만을 느낀다. 이렇게 되면 세일즈맨은 승자, 고객은 패자가 된다. 패자가 된 고객은 자신을 패자로 만든 세일즈맨과 관계를 오래 지속하고 싶어 하지 않아 자연스럽게 관계가 단절된다. 자신의 지인들과 관계가 단절되면 어느 순간 고객늘이 소진되면서 더 이상 세일즈를 할 수 없게 된다.

성공 세일즈의 핵심은 '관계 맺기'

세일즈는 굉장히 어렵지만 반대로 굉장히 쉬울 수도 있다. 정상적인 경우라면 시간이 지나면서 거래가 가능한 고객 수가 늘어나기 때문에 수월해지는 것이 세일즈이다. 그러나 현실은 꼭 그렇지 않다. 2009년도 생명보험협회 자료에 따르면 1년이 지날 때 60% 정도의 사람이 세일즈를 그만 두는 것으로 나타났다.

이런 결과는 모든 사람을 패배자로 만들고 있다. 고객은 상품도 상품이지만 오랫동안 신뢰할 수 있는 세일즈맨을 원했는데 1년도 지나지 않아 세일즈맨이 그만뒀다는 것을 알게 되면 실망감과 배신감을 느낄 것이다. 다른 회사나 세일즈맨을 선택할 수 있는 기회도, 자신이 의지할 수 있는 세일즈맨도 없어졌기 때문이다.

회사의 입장에서도 많은 시간과 금전적인 투자를 한 세일즈맨이 그만 두면 타격이 크다. 금전적인 부분도 그렇지만 고객과의 신뢰와 연결되므로 회사의 평판에도 나쁜 영향을 미치는 것이 분명하기 때문이다.

세일즈맨으로서도 이익보다는 손해가 많다. 상당히 오랜 시간을 투자했지만 남는 것은 실망뿐이기 때문이다. 중도에 그만둔 세일즈맨은 자신감을 회복하기가 쉽지 않고, 주변 사람들로부터의 신용도 많이 떨어져 있기 때문에 다른 무엇을 하더라도 성공하기가 어렵다.

세일즈로 성공하기가 어려운 일이 아닌데 안타깝게도 성공하는 세일즈맨이 많지 않은 이유는 무엇일까? 그것은 '고객과의 관계'를 무시하기 때문이다. 내가 아무리 좋은 상품을 가졌더라도 고객과의 관계가 우호적이지 않다면 고객은 결코 그 상품을 구매하지 않는다. 왜냐하면 상품에는 세일즈맨과의 관계도 포함되기 때문이다. 결론적으로 세일즈는 관계인 것이다.

시간이 지나면 지날수록 묵은 김치처럼 고객과 깊은 관계에서 나오는 진한 향기를 맛볼 수 있다. 이런 향기야말로 세일즈맨을 지탱하게 만드는 원동력이다. 세일즈는 어려운 것이 아니다. 나를 위해 고객이 있는 것이 아니라 '어떻게 하면 내가 고객에게 도움이 될 수 있을까?'에 대한 해답을 찾으면서 정말 열심히 노력할 때 성공할 수 있다.

결국 세일즈맨에게 보람을 느끼게 만드는 것은 고객의 웃음과 감사이다. 돈을 벌지만 고객으로부터 웃음과 감사를 나누지 못하는 세일즈맨은 성공한 세일즈맨이 아닌, 그냥 돈을 버는 사람일 뿐이다. 고객의 웃음과 감사는 나를 움직이는 힘을 준다. 그 힘을 바탕으로 더욱 열심히 노력하게 되고, 노력이 결실을 주게 되면 성공의 선순환으로 들어가게 된다.

자, 당신은 어떤 선택을 할 것인가? 나의 금전적 이익을 위해 고객과의 관계를 희생하는 사람이 될 것인가, 그렇지 않으면 고객과의 관계도 좋고 금전적인 보상도 받을 수 있는 선택을 할 것인가? 이 책을 읽는 모든 분들이 성공하는 세일즈맨으로 거듭나기 바란다.

Contents

Contents

제1부

영업문화의 혁신, 세일즈 코칭

세일즈를 통해 고객과 세일즈맨 모두가 만족할 수 있는
결과를 얻기를 원한다.
고객과 세일즈맨 모두를 승자로 만드는 영업문화를
혁신적으로 만들기 위한 방법이
바로 세일즈 코칭이다.

EASY
SALES

1. 코칭을 통해 성장을!

고객이 물건을 구매할 때 다양한 채널을 통해 정보를 얻고 상품을 비교할 수 있어서 세일즈맨에 대한 의존도가 떨어져 보이지만 실제로는 세일즈맨의 역할이 오히려 더 커졌다. 과거에는 고객의 구매 목적이 주로 생존과 관련된 것이라서 제품이 간단했고, 고객이 원하는 것도 비교적 명확해 세일즈맨은 고객에게 자신이 판매하고 있는 상품 정보를 자주 제공하는 것만으로도 충분한 역할을 할 수 있었다.

그러나 고객이 구매를 통해 자신을 표현하고, 자신을 실현하기 위해 다른 사람과의 차별화를 원하고, 트렌드를 주도해나가게 되면서 세일즈맨이 정보만을 제공하는 단순한 역할은 끝이 났다. 이제는 고객의 잠재되어 있는 구매 욕구를 찾아 구매를 통해 그 욕구를 충족시켜 주기 위해 어떻게 고객과 협조적인 관계를 형성하느냐가 세일즈맨의 중요한 역할이 된 것이다.

이를 위해서는 고객과 세일즈맨이 커뮤니케이션을 통해 서로가 진정으로 원하는 것을 충족시킬 필요가 있다. 즉 어느 한쪽이 승자가 되는 것이 아니라 고객과 세일즈맨 모두가 만족하는 결과를 얻기를 원한다. 고객과 세일즈맨 모두를 승자로 만드는 영업 문화를 혁신적으로 만들기 위한 방법이 세일즈 코칭이다.

의욕만으로는 부족하다

몇 년 전, 고객 만족도를 높일 수 있는 방법을 주제로 한 교육에 참석했을 때의 일이다. 강의 마지막에 나온 교육생의 질문이 필자의 관심을 끌었다.

"저는 교육과 세미나에 참석할 때마다 매번 느끼는 것이 있습니다. 그것은 강사님의 강의를 들으면 지금까지 몰랐던 것을 깨달아 무척 기쁜데 막상 회사에 돌아가 배운 대로 실행하려면 잘 되지 않습니다. 어떻게 하며 배운 것을 효과적으로 실행할 수 있을까요?"

그 자리에 있던 대부분의 교육생들이 이 질문에 대해 동감하며 강사의 대답을 기대하는 눈치였다. 필자 역시 어떤 답이 나올지 궁금했다. 그때 강사가 한 대답은 "목표를 설정하십시오. 또한 담당자를 정해 체계적으로 관리하는 것이 필요하며 조직원들의 행동 수칙을 정하는 것도 중요합니다. 그리고 경영진이 솔선수범하는 것 또한 매우 중요합니다."라는 것이었다. 이 대답은 누구나 할 수 있는 것이다.

그 자리에 참석한 대부분의 사람이 알고 싶었던 것은 강사가 말한 일반적인 방법이 아니라 좀 더 구체적인 방법이었다. 실제로 많은 회사에서는 업무 성과를 높이기 위해 다양한 아이디어와 여러 가지 시스템을 제공하고 있지만 그 결과가 신통치 않은 경우가 종종 있다. 교육생들이 알고 싶었던 내용은 '구체적으로 어떻게 해야 좋은 아이디어가 제대로 실행에 옮겨질 수 있을까?' 라는 것이었다.

조직원들이 의욕을 갖고 열심히 하면 된다는 것은 누구나 말할 수 있다. 그러나 "의욕이라는 것은 무엇인가?", "의욕은 언제, 어떻게 하면 만들어지는 것인가?", "어디에서 나오는 것일까?", "우리들은 의욕에 대해 어느 정도 이해하고, 실제로는 어떻게 의욕을 일으키고 있는가?"이런 질문에 대한 구체적인 대답이 필요했지만 그 교육에서는 들을 수 없었다.

항상 고민하고 실천하라

사람이 뭔가를 인식하고 생각하는 것과 그 인식이나 생각을 실제 행동으로 옮기는 것 사이에는 많은 차이가 있다. 더구나 실행의 주체가 조직과 집단이 될 때 그 차이는 더욱 크다. 예를 들어 '회의에서 결정된 것이 제대로 실천되지 못하는 것은 무엇 때문일까?', '훌륭한 전략을 수립했음에도 왜 실천이 어려울까?', '많은 시간과 비용을 들여 역량을 육성했는데도 왜 제대로 사용되지 못할까?' 와 같은 것이다. 이것은 '공부를 열심히 하면 좋은 대학을 갈 수 있다.', '회사 업무를 열심히 하면 연봉이 오르고 승진할 수 있다.' 는 것은 누구나 알고 있지만 막상 실행에 옮기는 사람이 많지 않은 것과 같은 문제인 것이다.

결국 머리에서 이해가 되더라도 반드시 실행에 옮겨진다는 보장이 없기 때문에 아이디어를 만들어 내고 그것을 발전시켜 행동으로 옮기기 위해서는 기존의 방법과는 다른 프로세스가 필요하다. 지금 우리에게 가장 필요한 것은 업무 성과를 높이기 위한 새롭고 특이한 아이디어가 아니라 아이디어를 실천으로 옮길 수 있도록 하는 또 다른 아이디어인 것이다.

세일즈도 마찬가지이다. 세일즈맨이 열심히 활동하면 성과가 향상된다는 것은 누구나 알고 있다. 고객이 제품을 구매해 사용하면 생활이 윤택해지고 편리하다는 것도 이미 알고 있다. 하지만 알고 있는 것을 실제로 행동으로 옮기는 사람은 과연 얼마나 될 것인가? 고객이 필요한 것을 즉시 구매한다면 세일즈맨은 굉장히 수월하고 행복하겠지만, 그렇지 않은 것이 현실이다. 그래서 '어떻게 하면 고객의 생각을 행동으로 옮기게 만들까?' 를 세일즈맨은 항상 고민하는 것이다.

실천하지 않는 아이디어는 의미가 없다

몇 달 전, 모 금융회사에 코칭 프로그램을 소개하려고 교육 담당자를 만났을 때 일이다. 그때 교육 담당자가 가장 관심을 가졌던 것은 세일즈맨들이 자발적으로 활동할 수 있게 하는 방법보다는 '세일즈맨을 강제로 활동하게 만드는 도구' 였다.

많은 사람이 어떻게 하면 세일즈맨의 실행력을 높일 수 있을까를 고민한다. 이를 위해 대부분의 회사에서 선택하는 방법은 조직원들이 갖추어야 할 역량을 분류하여 정의하고 해야 할 일(To do list)을 적고 실천하게 만드는 것이다. 그러나 시행 초기에는 관심을 보이다가도 조직원들이 하나 둘씩 무관심해지면서 어느 순간 없던 일이 되고 마는 경우도 많이 경험했다. 실행되지 못하는 이유를 물어보면 "물론 이론적으로는 해야 한다고 생각하지만, 막상 하려고 보면 별로 하고 싶은 마음이 들지 않았기 때문."이라는 대답이었다.

일반적으로 역량은 조직에서 중요한 역할을 하는 사람과 컨설턴트가 만들어 조직원에게 선포하는 방식으로 만들어지는 것이 대부분이다. 결국 조직원의 입장에서 보면 회사에서 작성한 필요 역량도, 해야 할 일의 목록도 맛깔스럽게 만들어 음식점의 진열장에 전시해 놓은 음식물 샘플 같은 것으로, 실제로 실행하기는 쉽지 않다.

회사의 경영자들이 중요하게 고려해야 하는 것은 회사에서 규정한 역량이 아니라 현장에서 역량을 발휘해야 하는 사람들이다. 그러나 실제로 느낀 것은 현장 사람들의 실제 능력을 고려하기보다는 역량 목록에 따라 조직원들을 움직이려 한다는 것이다. 평소 육성되지 않은 역량은 사용하고 싶을 때 사용할 수 있는 것이 아니다. 더군다나 모든 조직원들을 하루아침에 동일한 역량을 가진 사람으로 변화시키는 것은 불가능에 가깝다.

"이제부터 우리 회사는 사람을 가장 소중하게 여기는 것을 회사의 핵심 가치로 정합니다." 와 같은 종류의 핵심 가치를 구호로 내걸면 그것만으로도 뭔가를 했다는 기분은 들지만 그것을 구체적으로 행동으로 옮기기 위한 아이디어가 없다면 글자 그대로 단순히 구호에 그치고 만다. 필요한 것은 그것을 실행에 옮기기 위한 구체적인 아이디어이다. 원래 아이디어라는 것은 효과적인 실행을 위한 것이다. 종업원을 중요하게 여긴다는 아이디어를 구체화하고 행동으로 옮길 수 있도록 만들기 위해서는 경영자와 종업원 모두가 참여하는 커뮤니케이션이 필요하다.

이제는 양방향 커뮤니케이션이다

비즈니스나 개인적인 목표를 달성하기 위해 머리로 이해하는 것과 행동으로 옮기는 것과의 문제, 혹은 실행을 방해하는 장애를 서로 커뮤니케이션을 통해 메워나가는 것이 코칭이다.

"어떻게 하면 실천하고 행동을 변화시킬 수 있을까?"

이런 종류의 문제에 대해 일찍부터 코칭이라는 지혜를 만든 것은 운동 분야였다. 즉 선수 한 사람으로는 풀기가 어려운 문제와 정보를 코치와 해결해 가는 것이다. 다만 이 스포츠 세계에서도 코치는 기술을 가르치는 사람이라고 생각해 왔다. 시식과 기술은 코치가 갖고 있는 것이고 선수는 그것을 배우는 것이라고 여겨왔다.

그러나 최근 들어 일방적으로 가르치는 것만으로는 선수가 그 기술과 지식을 그대로 활용할 수 없다는 것을 알게 되었다. 선수가 아이디어를 실제로 활용하기 위해서는 그 아이디어를 사용하는 선수 스스로가 그 아이디어를 활용하는 방법을 발견해내는 과정을 거치는 것이 필요하다. 한쪽이 지시하고 상대는 무조건 따르는 일방적인 방법이 아니라 쌍방이 서로 아이디어를 내고, 검토하고, 검토된 것을 행동으로 옮기기 위한 아이디어도 다시 두 사람이 커뮤니케이션을 통해 만들어야 하는데 이런 일련의 과정을 코칭이라고 한다.

현재 코칭은 기존의 매니지먼트를 대신해 가장 새로운 리더십의 한 방법으로 각광을 받으며 비즈니스 현장에서 주로 사용되고 있다. 또 스포츠의 코치도 경기지도에 필요한 전문기술에 더해 코칭 커뮤니케이션 스킬을 배워 선수들에게 적용하고 있는데, 기존의 가르치는 입장에서 자발적인 행동을 촉구하는 입장으로 계속 변화해 가고 있다. 우리는 이런 변화의 흐름을 2002년 월드컵에서 히딩크 감독을 통해 그 탁월성을 경험할 수 있었다.

히딩크 감독이 평소 소통을 굉장히 중요시 한다는 것은 익히 알려진 사실이다. 소통을 위해 4~5개 국어를 능숙하게 구사한다는 것 또한 잘 알려져 있다. 우리나라 축구 대표팀 감독으로 부임하면서 가장 중점을 둔 것 또한 일방적인 소통이 아닌 양방향 소통이었다. 코치들과 스태프들의 의견을 경청하려고 애썼고, 코치나 스태프가 어떤 의견을 말하면 그 의견을 다음날 훈련장에서 실현시키는 모습을 보여주는 등 양방향 소통을 통해 선수들의 능력을 향상시키려고 노력했다.

선수들과는 개별적으로 만나 개인의 강점을 칭찬하고, 개선이 필요한 내용에 대해서는 대화를 통해 선수에게 가장 적합한 방법을 찾아 실천하게 함으로써 자신감과 함께 실력도 향상시켰다. 박지성 선수를 비롯해 이런 과정을 통해 다듬어진 선수들이 지금까지 우리나라 대표팀의 주축이 되고 있는 것이다.

또한 선수들끼리의 활발한 소통도 강조하였다. 경기 중에 후

배가 선배의 눈치를 보지 않고 활발하게 의사소통을 하게 만들기 위해 끼리끼리 모여 밥을 먹는 분위기를 개선해 의도적으로 고참과 후배들이 함께 모여 식사를 하면서 스스럼없이 대화를 하게 했다. 이런 모든 것들이 어우러져 월드컵 4강을 달성할 수 있었다.

세일즈맨은 축구 선수와 같다. 아무리 명감독이라도 선수를 대신할 수 없듯이, 아무리 능력 있는 매니저라도 세일즈맨을 대신할 수는 없다. 세일즈맨과의 대화를 통해 세일즈맨이 가장 잘 할 수 있는 방법을 스스로 선택하게 하고, 좋은 성과를 올릴 수 있도록 지지하고 격려하는 것이 코치, 즉 세일즈 매니저의 역할이다.

사람을 움직이게 하라

코칭에서는 세일즈맨의 사고방식이나 행동에 직접 관여하기보다는 반대로 세일즈맨이 움직일 수 있는 환경을 만드는 것에 주의를 기울인다. 좋은 환경이 있다면 세일즈맨이 자발적으로 움직일 수 있기 때문이다. 이것은 세일즈 현장에서도 그대로 적용된다. 좋은 환경이 된다면 고객은 저절로 구매하기 때문이다. 자발적으로 움직일 수 있도록 한다는 것은 움직이고 싶은 환경을 갖추는 것이다.

북한산이나 도봉산을 오른다고 가정해보자. 혼자 산을 올라야 한다고 생각할 때와 같이 가는 사람이 있다고 느낄 때 어떤 쪽이 정상에 오르기가 수월한가? 만약 히말라야라면 어떨까? 목표가 크면 클수록 동반자 혹은 지원시스템에 대한 필요는 더욱 커지게 된다.

이처럼 세일즈맨이 목표 달성을 위해 계속 움직이기 위해서는 혼자 외롭게 목표에 도전해야 한다는 생각에서 벗어나야 한다. 자신에게는 그 목표를 달성하기 위한 충분한 자원과 목표 달성에 함께 해 줄 동반자가 있다는 것, 그리고 잘 갖추어진 지원시스템이 있다는 것을 충분히 인식할 필요가 있다.

이런 목표를 달성하기 위해 어떻게 하면 지식을 얻을 수 있다는 것, 누가 도와줄 수 있다는 것, 어디로 가면 필요한 도구가 있다는 것을 안다면 행동하기가 더욱 쉬워진다. 이를 위해 코치는 고객과 함께 지금 무엇이 필요하고 무엇이 필요하지 않는가를 선택한다. 또 고객의 사고방식이 어느 한쪽에 쏠리지 않고 다양한 시각을 가질 수 있도록 효과적인 질문을 한다. 예를 들어, 세일즈맨의 목표 달성을 위한 환경을 조성하기 위해 다음과 같은 대화가 진행될 수 있다.

"이 목표를 달성하기 위해 어떤 협력자를 원하세요?"

"이 분야에서 실적이 뛰어난 사람들은 어떻게 활동하고 있는가요?"

"가장 최근에 자신이 달성한 것에 대해 말씀해 주세요."

"같은 곳에서 발이 걸려 넘어진 경험이 있으신가요?"

그렇다고 언제나 모든 사람에게 코칭이 도움이 되는 것은 아니다. 코칭은 만능이 아니기 때문에 코칭이 제대로 효과를 발휘하기 위한 상황과 그렇지 않는 상황이 있다. 예를 들어, 응급 환자에게 성찰 질문을 통해 다양한 시각을 갖게 할 여유가 없는 것처럼 코칭이 모든 사람에게 필요한 것이 아닌 것이다.

그렇다면 코칭은 어떨 때 효과가 좋을까? 그것은 현재 자신의 상황과 능력과의 관계로 판단할 수 있다.

◉ 리스크가 높은 직무에 종사하는 기술·능력이 높은 사람

구체적으로는 매니저와 경영자 등이 이에 해당한다. 코칭을 가장 필요로 하고 코칭이 가장 잘 기능하는 영역이다.

세일즈맨이 고객을 만나는 일은 리스크가 상당히 높다. 세일즈맨의 말 한마디, 행동 하나가 고객으로 하여금 거래를 시작하거나 중단시킬 수도 있기 때문이다. 또한 세일즈맨은 자신의 영역에 대한 전문지식이나 세일즈에 필요한 능력이 높아야 하기 때문에 세일즈맨이야말로 코칭이 가장 필요한 사람들이다.

◉ 리스크가 낮은 직무에 종사하는 기술·기능이 높은 사람

기본적으로 코칭도 교육도 필요하지 않다. 본인에게 맡겨두면 좋은 영역이다.

◉ 리스크가 높은 직무에 종사하는 기술·기능이 미숙한 사람

경험이 적은 젊은 조직원에게 비중 있는 업무를 시키는 것과 같은 경우이다. 이 경우에는 자주성을 존중하고 상대로부터 잠재능력을 이끌어내는 것과 같은 코칭의 스탠스를 취하기보다는 상

사와 업무에 대한 경험이 많은 선배가 직무 교육을 시키는 것이 더 현실적이다.

⊙ 리스크가 낮은 업무에 종사하는 기술·기능이 미숙한 사람

구체적으로는 신입사원에 대한 OJT와 같은 것들이 있다. 본인의 자발적인 행동을 촉진하며 스스로 생각하고 행동이 가능한 사람으로 육성하기 위한 코칭이 가능하다. 특히 새롭게 세일즈를 시작하는 사람에게는 두려움을 극복하고 업무에 대한 자신감을 갖고 직무 능력을 향상시키기 위한 코칭이 필요하다.

명선수가 명감독이 되는 것은 아니다

회사에서 세일즈 매니저가 되는 방법이 몇 가지 있는데, 그 중한 가지가 세일즈맨 중에서 실적이 좋은 사람이 매니저로 되는 것이다. 회사 입장에서는 성공적으로 세일즈를 했기 때문에 당연히 매니저 역할도 잘할 것이라고 기대하지만 그 기대에 미치지못해 회사나 매니저 모두 고민하는 모습을 자주 보았다.

유명한 선수가 반드시 좋은 선수를 육성하는 것이 아닌 것처럼 과거의 실력이나 실적이 현재 수행하는 코치의 기량에 비례하는 것은 아니다. 반대로 선수 시절 좋은 기록을 남기지는 않았지만 선수 육성에 재능을 발휘하는 코치도 많다. 아마도 히딩크 감독이 대표적일 것이다. 선수가 가져야 할 역량과 코치가 지녀야 할 역량이 다르기 때문이다.

2000년 초반부터 일부 회사를 중심으로 세일즈 성과 향상 프로그램을 운영하기 시작했는데 결과가 예상했던 것보다 좋지 않았다. 이런 결과에 대한 원인 중의 하나는 세일즈 코치의 선정에 있다고 생각된다. 보통 회사에서 코치를 선정할 때 과거의 실적을 근거로 하다 보니 실적은 좋지만 코치의 역할에는 상대적으로 적합하지 않은 사람이 선정되었기 때문이다.

명선수가 명감독이 되지 못하는 이유는 한마디로 말하자면 적절한 대화를 이끌어가지 못하기 때문이다. 명선수의 경우 성공 경험이 워낙 강하게 자리 잡고 있어 상대의 말을 듣기 보다는 자신의 생각만을 주장하는 경향이 있다. 유명한 선수든 아니든 코치와 선수 사이에는 끊임없이 커뮤니케이션이 오가며 선수를 성장시킬 것인가 그렇지 않을 것인가는 코치가 선수와 어떤 커뮤니케이션을 하는가에 달려 있다. 코치가 아무리 훌륭한 기술을 가지고 있다고 하더라도 그것을 선수에게 전달하는 것이 어렵다면 의미가 없다. 또 코치가 가진 기술을 선수에게 가르칠 때 선수의 능력을 고려하지 않은 채 일방통행 식으로 강요하는 것도 효과가 없다.

대부분의 경우 코치와 매니저가 선수나 세일즈맨보다도 말을 많이 한다. 말을 많이 하게 되면 선수나 세일즈맨의 현재 상태를 이해하거나, 어떤 동기를 가질 때 실행력이 높아지는가에 대해 알 기회를 잃어버리고 만다. 따라서 코치나 매니저가 일방적으로 말할 수 있으나 선수나 세일즈맨이 행동을 하게 만들거나 태도를 변하게까지 만들지는 못하는 것이다.

세일즈 매니저가 세일즈맨을 지나치게 관리하면 세일즈맨의 자발성을 빼앗게 되고, 상황대응력을 저하시킬 위험이 커진다. 세일즈맨이 세일즈 매니저가 하는 지시를 따르는 것이 나쁜 것은 아니지만 세일즈 매니저에게는 세일즈맨이 성장할 수 있도록 권한과 기회를 위임하는 기술이 필요하다. 다만 주의해야 할 것은 과도한 관리만큼이나 지나친 방임도 문제가 된다는 점이다. 방임과 위임은 반드시 구분되어져야 한다. 방임은 자신의 일과 행동에 대해 피드백이 없기 때문에 세일즈맨은 성장의 기회를 잃어버리게 될 것이다. 반면 위임은 적절한 피드백과 함께 세일즈맨이 도움을 필요로 할 때 신속하게 도와줌으로써 성장에 큰 도움이 된다.

관리와 방임의 양극화를 해결하기 위해 코칭이 있다. 관심을 갖고 대화를 하면서 필요 이상의 관리는 하지 않고, 세일즈맨의 자발적인 행동을 만들어 내는 것에 가치를 두고 세일즈맨과 기능적이고 효과적으로 관계를 맺는 것이다.

코칭(Coaching)과 티칭(Teaching)은 분명히 다르다. 코칭은 가르치는 것이 아니라 상대의 자발적인 행동을 이끌어내고, 생각하게 만드는 것이다. 세일즈 매니저들이 코칭을 배워야 하는 이유가 자기가 필요한 말을 상대에게 일방적으로 강요하는 것이 아니라 세일즈맨의 말에 귀를 기울여야 하기 때문이다.

관리로부터 코칭으로!

기존의 매니지먼트 방법은 세일즈 매니저가 해답을 가지고 조직원을 컨트롤하는 것이었다. 세일즈 현장에서도 세일즈 매니저가 성과 향상에 필요한 해답을 갖고, 세일즈맨은 그저 세일즈 매니저의 결정에 따르면 됐기 때문에 세일즈맨의 역량보다는 세일즈 매니저의 역량이 더욱 중요하게 인식되었다. 그러다보니 세일즈맨들은 세일즈 매니저의 명령을 듣고 충실하게 따르기만 하면 되는 수동적인 태도를 취하게 되었다. 수동적인 자세로는 세일즈맨이 현장에서 겪게 되는 다양한 문제를 즉각적으로 해결하기가 어렵다. 세일즈맨이 고객을 만나는 과정에서 문제가 발생할 때마다 세일즈 매니저에게 보고하고, 그 보고를 들은 세일즈 매니저가 해답을 주기까지 상당한 시간이 소요되어 세일즈 환경 변화에 신속하게 대응하기 어렵기 때문에 기업 경쟁력에까지 영향을 미치게 된다.

이런 문제를 해결하기 위해서는 현장에서 만나는 문제에 대해 세일즈맨이 즉각적으로 대응할 수 있도록 세일즈맨의 역량을 개발하는 것과 함께 세일즈맨과 세일즈 매니저와의 양방향 커뮤니케이션을 원활하게 하는 것이 정말 중요하다. 이렇게 세일즈맨의 역량을 개발하고, 세일스맨과 세일즈 매니저와의 양방향 커뮤니케이션을 통해 세일즈맨을 움직이게 만드는 방법이 코칭이다.

관 리	코 칭
• 결과를 통제한다	• 과정을 함께 한다
• 집단 전체를 동일하게 대한다	• 조직원 개개인별로 대응을 달리한다
• 부정적인 태도와 발상	• 긍정적인 태도와 발상
• 스트레스를 준다	• 스트레스를 줄여준다
• 가능하지 않은 부분을 지적한다	• 가능한 부분을 더 강조한다
• 행동 목적은 관리자 중심이다	• 행동 목적은 행위자 중심이다
관리자의 입장에서 관리자에 의한 통제	상대의 입장에서 행위자의 주체성 중시

매니저에게 코칭은 필수다

부하 육성에 도움이 된다

세일즈 매니저의 가장 중요한 역할은 세일즈맨의 육성이다. 세일즈맨의 육성이라는 부분에서 세일즈 매니저는 굉장히 큰 어려움을 겪고 있다. 어려운 상황을 돌파하는데 필요한 다양한 아이디어를 갖고 있지만 항상 그 아이디어가 좋은 결과를 가져오는 것은 아니기 때문에 세일즈 매니저의 고민은 더 커진다.

이런 이유로 기업을 대상으로 하는 코칭 교육에서 코칭 스킬을 배우는 수요는 세일즈 매니저가 가장 많다. 세일즈 매니저가 코칭 스킬을 몸에 익히려면 현재 진행형으로 부하와의 커뮤니케이션을 주제로 매주 목표를 정하고, 일주일 동안 그것을 바탕으로 행동하고, 다음 주에 반복해야 한다. 세일즈 매니저는 매주 새로운 관점에서 새로운 방법으로 부하와 관계 맺음을 하는 것이다.

그날 논의된 코칭 스킬과 새로운 관점을 그날부터 즉시 사용해야 한다. 당연히 매끄럽게 사용하지 못하는 날도 있을 것이다. 그러나 부하와 일대일로 관계를 맺겠다는 자세는 항상 갖고 있어야 한다. 질문을 하거나 실행 목표를 세분화 하는 것이 처음에는 어색하겠지만 계속해서 연습하다 보면 어느 순간 익숙하게 사용하고 있는 자신을 발견할 수 있을 것이다.

매니저 자신이 변한다

코칭 프로그램에 참여했던 사람들에게 코칭기법을 배운 이후로 변화된 것이 무엇이냐고 물어본 적이 있다. 이들은 부하 육성과 함께 "부하와의 관계에서의 변화는 크지 않았지만 가족과의 대화가 늘었다.", "최근 부하로부터 먼저 대화를 요청 받은 경우가 있다.", "술을 마시지 않아도 상대와 대화가 가능하다고 생각한다."는 답변을 했다. 또 "여기가 막다른 골목이라고 생각했지만 코치와 대화하면서 다른 방법을 사용해 보겠다고 말하게 되었다.", "전보다 여유가 많아졌다."고 말하는 이들도 많았다. 어떤 세일즈 매니저는 부하와 대화한 후 부하로부터 이런 말을 들었다고 한다.

"들어 주셔서 감사합니다."

〈 매니저를 위한 체크리스트 〉

지시명령형 매니저	코치형 매니저
• 결과만을 평가의 대상으로 삼는다 • 부하의 행동을 통제한다 • 부하가 리스크에 도전하는 것이 불가능한 환경을 만들고 있다 • 부하의 약점에 초점을 맞추고 있다 • 실패와 실수를 지적한다 • 모든 문제를 직접 해결하려고 한다 • 자신의 업무 스타일을 강요한다 • 부하의 말을 표면적으로만 듣고 있다 • 부하를 저녁 늦게까지 회사에 붙잡고 있다 • 상사의 역할은 허가와 승인이다	• 과정에서부터 부하와 함께 한다 • 부하가 자발적으로 움직일 수 있도록 지원한다 • 부하가 안심하고 리스크에 도전하는 환경을 만들고 있다 • 부하의 강점에 초점을 맞추고 있다 • 노력과 성장을 중시한다 • 다양한 방법과 강점을 인정하고 있다 • 부하가 스스로 문제를 해결할 수 있도록 지원한다 • 부하가 하는 말을 심층적으로 파악한다 • 일과 가정의 균형을 갖춘 건전한 태도의 모델이다 • 부하에 협력적이고, 문제 해결을 위해 도움을 준다

사람 그 자체가 코칭이다

코칭을 말할 때 전체적으로 관통하는 철학은 바로 사람에 대한 믿음이다. 막연한 믿음이 아니라 모든 사람에게 있는 가능성과 그 가능성을 실현할 능력을 말한다. 여기에 이를 실현하는데 도움이 되는 파트너의 필요성까지, 코칭의 철학은 바로 사람이다.

누구나 가능성은 무한하다

이 말은 "모든 세일즈맨에게는 무한한 가능성이 있다"고 표현할 수 있으며 자아실현과 깊은 관계가 있다. 여기에서 자아실현이란 자신이 본래 지닌 능력이나 가능성을 최대한 발휘하는 것인데, 이는 개개인이 현재 발휘하는 것 이상의 능력이나 가능성을 지닌 것을 전제로 한 개념이다. 즉, 자신이 원하는 목표를 달성하는데 필요한 능력은 자신이 이미 가지고 있다는 것이다. 단지 그 능력을 자신이 얼마나 인지하고 사용하고 있느냐의 문제일 뿐이다.

사람 안에 해답이 있다

이 말은 "세일즈맨에게 필요한 모든 해답은 그 사람 내부에 있다."고 표현할 수 있다. 물론 아무리 해답이 세일즈맨 내부에 있다고 해도 그 해답을 본인이 알고 있다고는 볼 수 없다. 왜냐하면 그 해답은 세일즈맨의 내부에 있기는 하지만 본인이 그 해답을 깨닫거나 스스로의 능력을 믿지 못하고 있을 가능성이 많기 때문이다. 이것은 비단 회사의 조직원에게 국한된 말이 아니다. 현대 사회를 살아가는 대부분의 사람이 자신의 내부에 자신에게 필요한 해답이 존재한다는 것을 믿지 못하고 있다.

이처럼 '내 속에는 해답이 없다.'고 믿기 때문에 대부분의 사람들이 부모, 선생님 그리고 상사 등 윗사람들의 지시대로 움직이거나, 아니면 심하게 반발하거나, 혹은 주위 사람들과 비슷한 행동을 취할 수밖에 없었다. 문제를 해결하기 위한 선택을 자기 자신이 아닌 다른 사람에게 의존하기 때문에 스스로 선택하는 것에 비해 당위성과 추진력이 떨어지게 되는 것이다.

해답이 세일즈 매니저가 아닌 세일즈맨에게 있는 이상 그것을 세일즈 매니저가 제공할 수는 없다. 세일즈 매니저가 할 수 있는 일은 세일즈맨으로부터 해답을 '이끌어 내는 것'이며 세일즈 매니저가 존재하는 이유는 이것 때문이다. 즉 세일즈맨 자신이 미처 깨닫지 못한 해답을 스스로 찾아내도록 지지하고 지원함으로써 세일즈맨이 '내 속에 해답이 있다.'고 믿도록 지원해 주는 것이다.

따라서 세일즈 매니저가 해야 할 일은 '어떻게 하면 세일즈맨이 지닌 본래의 능력이나 가능성을 최대한 발휘하게 할 수 있을까?'라는 물음에 대한 해답을 찾는 일이다.

파트너는 빠른 해결을 도와준다

'해답은 모두 세일즈맨 내부에 있다.'는 것과 관련해 실제로 대부분의 세일즈맨들은 자신의 내부에 있는 해답을 지각하지 못하는 경우가 많으며, 심지어는 자신의 내부에 해답이 있다는 사실 자체를 믿지 못하는 경우도 있다.

　어떤 문제에 직면했을 때 작은 실마리만 찾아도 문제가 술술 풀리는 경험들을 해봤을 것이다. 혼자서는 막막하지만 누군가에게 말하다보면 스스로 답을 찾는 경우도 많다. 세일즈 매니저의 역할이 바로 그 실마리이다. 세일즈 매니저는 세일즈맨에게 세일즈 매니저의 입장에서 해답이라고 생각하는 것을 알려주는 것이 아니다. 세일즈맨 내부에 있는 해답을 이끌어내어 세일즈맨 스스로 움직이게 하는 역할을 담당하는 것이다.

2. 세일즈 코칭, 제대로 이해하기

세일즈 코칭은 '욕구 충족' 이다

소비자 성향의 변화는 경영 환경의 변화를 가져왔다. 소비자가 다양성과 희소성을 추구하기 때문에 기업에서도 이런 소비자의 변화에 즉각적으로 대응할 필요가 생겼다. 특히 소비시장의 변화에 대해 현장에서 세일즈를 하는 사람들이 느끼는 정도는 더욱 클 것이다. 이런 변화 과정에서 여전히 세일즈 매니저가 일방적으로 지시를 하는 형태로는 세일즈맨이 소비자가 원하는 것을 만족시켜 줄 방법이 없다. 따라서 세일즈 매니저에 의존하기보다는 세일즈맨의 역량을 강화하여 소비자가 원하는 부분을 현장에서 즉각적으로 해결해줄 필요성이 점점 커졌다.

또한, 세일즈 매니저의 입장에서 보면 소비자의 욕구를 만족시키는 것뿐만 아니라 세일즈맨의 욕구를 충족시키는 것 또한 중요한 과제가 되었다. 만족하지 못하는 세일즈맨은 결코 고객을 만족시킬 수 없기 때문이다. 세일즈맨의 입장에서도 기존에 자신이 일방적으로 고객을 이끌어가던 방법에서 벗어나 고객이 스스로 자신이 원하는 것이 무엇인가를 찾고, 구매를 통해 자아실현을 할 수 있도록 도움을 주는 역할을 해야 한다. 세일즈맨에게 요구되는 이런 역할은 코칭에서 코치의 역할과 같다.

세일즈 코칭은 코칭의 기본 철학을 세일즈에 접목한 것으로 '세일즈에 종사하는 사람의 무한한 잠재능력을 개발하고 활용하여 세일즈 성과를 향상시키는 것' 이다. 즉 세일즈 조직의 구성원(세일즈 매니저, 세일즈맨, 고객)들이 서로 파트너십을 형성하여 양방향 커뮤니케이션을 통해 역량을 개발하고, 서로에게 긍정적인 영향과 동기를 주며 개인의 욕구와 고객의 욕구를 충족시킬 수 있도록 하여 세일즈 성과를 향상시키는 것이다. 과거 '당근과 채찍'으로 세일즈 성과 향상을 달성하려는 노력에서 고객과 세일즈맨 자신의 '욕구 충족' 을 통해 세일즈 성과 향상을 달성하려는 것이 바로 세일즈 코칭이다.

세일즈 코칭의 3대 철학

고객이 스스로 원하는 것을 찾아 충족할 수 있도록 해주는 것이 세일즈맨의 역할이다. 이를 위해 세일즈 코칭에서 필요한 철학은 다음과 같다.

고객의 구매 욕구는 무한하다

세일즈가 이루어질 수 있는 가장 기본적인 이념으로, 사람의 욕구는 끊임없이 새로운 것을 찾게 된다. 따라서 세일즈맨이 고객의 이런 속성을 이해할 수 있다면 고객과의 관계를 일회성이 아닌 지속적인 것으로 만들어 이를 세일즈에 활용할 수 있다.

구매 결정은 고객이 한다

세일즈맨이 범하기 쉬운 착각 중의 하나는 '나 아니면 안 된다.'는 생각이다. 다시 말하면 고객은 상품에 대한 지식이 부족하기 때문에 세일즈맨이 권유해 주는 상품을 구입하는 것이 최선이라는 생각이다. 하지만 어떤 물건이 자신에게 가장 유용한 것인지를 아는 것은 고객 자신이다. 따라서 고객이 필요한 것은 고객이 가장 잘 알고 있다는 가정 하에 세일즈맨은 고객이 정말로 자신이 원하는 것을 찾을 수 있도록 도와주는 역할을 할 필요가 있다.

세일즈맨은 적절한 구매를 돕는다

자동차를 살 경우를 생각해보자. 아마도 구입하려는 자동차에 대한 요구 사항은 가족마다 다를 것이다. 자동차의 성능, 디자인, 색상, 브랜드, 가격 등 다양한 요구사항을 어떻게 조율할까를 생각하면 머리가 아플 것이다. 이런 다양한 요구를 어떤 방법으로 조율하여 최적의 상품을 고객에게 제공할 수 있느냐가 결국 세일즈맨의 경쟁력이 될 것이다.

고객은 최적의 상품을 구매하려고 한다. 고객이 요구하는 제품이 내가 판매하는 제품에는 없을 경우 세일즈맨은 심한 좌절감을 느낄 수 있다. 이런 이유 때문에 일부 세일즈맨은 고객에게 거짓

된 정보를 제공하기도 한다. 이처럼 세일즈맨이 자신의 이익만을 위해 일을 하게 되면 고객과의 관계는 승-패가 결정되고 관계가 악화된다.

따라서 세일즈맨의 역할은 어디까지나 고객 자신이 원하는 것을 찾을 수 있도록 도와주는 것이고, 고객은 세일즈맨의 도움을 받아 정말로 자신이 원하는 것을 찾을 수 있을 때 서로가 만족스러운 관계가 형성된다. 이것이 고객과 세일즈맨 모두가 만족하는 승-승의 관계인 것이다. 또 고객도 자신이 원하는 것이 정확히 무엇인지를 모를 수가 있기에 이것을 도와주는 역할을 세일즈맨이 할 수 있는 것이다.

세일즈맨이 아니라 세일즈 코치가 되자

세일즈 코칭을 실천할 세일즈 코치는 어떤 사람인지에 대해 살펴보고자 한다. 세일즈맨은 고객과 비즈니스 관계를 형성하는 것이 일반적이다. 그러나 비즈니스를 통해 판매한 상품이 고객의 삶에 영향을 주기 때문에 비즈니스적인 관계뿐만 아니라 삶에서의 도움도 중요하다.

이런 관계를 비즈니스적인 면과 삶에서의 도움을 두 가지로 나누어 살펴보면 다음과 같다.

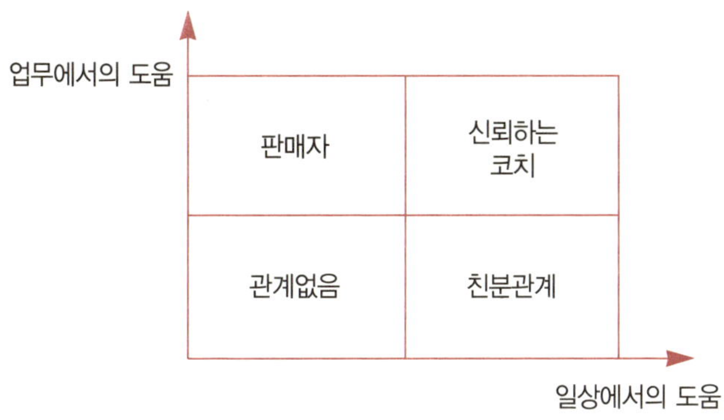

세일즈맨이 진정으로 추구해야 하는 것은 내가 세일즈 활동을 통해 고객에게 업무적으로도 도움이 되고, 고객의 삶에서도 도움이 되는 것이다. 그래야만 고객과 진정한 관계 형성이 가능하다. 따라서 삶에도 도움이 되기 위해서는 고객에게 지속적으로 관심을 갖고 고객이 무엇을 원하는지, 내가 도움을 줄 수 있는 것이 무엇인지를 끊임없이 탐색할 때 비로소 진정한 세일즈 코치가 될 수 있다.

즉, 이제는 세일즈맨이 아니라 세일즈 코치가 되어야 하는 것이다.

7 항상의 원칙 : 고객에게 확실하게 어필하는 세일즈 코치의 태도

뻔한 이야기처럼 들릴지 모르지만 알고는 있어도 실천하기는 어려운 것이 바로 원칙이다. 고객을 대하는 태도가 어떠해야 하는지 다 알고 있다고 생각해도 힘든 상황에 부딪히면 평소 성격대로 행동하는 경우가 많다. 다음은 세일즈 코치를 할 때의 태도다. 항상 숙지하고 실천하기 위해서 노력해야 한다.

⊙ 항상 긍정적일 것

세일즈맨은 고객을 대할 때 항상 긍정적으로 대해야 한다. 부정적인 태도를 보이는 고객이라도 그 안에는 만족스러운 구매를 하겠다는 긍정적인 의도가 숨어 있다. 조금 까다로운 고객은 귀찮게 여기고 본인의 말에 따르는 고객은 우호적으로 대하는 태도를 버려야 한다. 고객의 행동에는 좋은 구매를 위한 긍정적인 의도가 있다는 것을 믿게 되면 어떤 고객을 대하더라도 긍정적으로 대할 수 있을 것이다.

⊙ 항상 예의 바를 것

고객과의 대화에서 고객이 자신의 제품과 소속 회사에 대해 부정적인 의견을 말하더라도 세일즈맨은 침착하고 동요하지 않는 모습으로 친절하고 예의 바르게 대해야 한다. 사실 고객이 화를 내는 행동은 세일즈맨을 향한 것이 아니라 고객이 자신의 마음을 세일즈맨에게 표현하는 방법의 하나인 것이다. 세일즈맨에게 기대를 할 때 고객은 화를 내기 때문에, 이런 기회를 잘 활용하면 고객과의 관계는 더욱 돈독해질 수 있다.

⊙ 항상 애정을 가질 것

고객을 비즈니스적인 태도로 대하는 것과 인간적인 태도로 대하는 것에는 차이가 있다. 비즈니스 관계로 만났다고 하더라도 내가 달성하고자 하는 목표를 함께 해나갈 고객에게 친구나 가족에게 보여주는 애정을 가져야 한다. 고객에게 애정을 가지고 대하면 고객의 진실된 면을 이해할 수 있는 기회가 더 많아진다. 이렇게 고객을 인간적으로 이해하게 될 때 정말로 고객에게 도움이 되는 상품을 제공할 수 있는 기회를 얻게 될 것이다.

◉ 항상 신념을 가질 것

세일즈맨은 항상 고객에게 효과적으로 도움을 제공함으로써 고객이 더 높은 수준의 목표에 도달할 수 있다는 신념을 가져야 한다. 세일즈맨은 항상 고객과의 면담이 이루어지는 장소에서 서로가 목표 달성을 위한 해답을 도출할 수 있다는 긍정적이고 강력한 신념이 필요하다.

◉ 항상 열정적일 것

세일즈맨들은 고객과 면담할 때는 항상 열정적인 태도로 임해야 한다. '반드시 고객에게 도움이 되겠다.'는 생각을 고객뿐만 아니라 자신에게도 적용시켜야 한다. 따라서 세일즈맨이 고객과 상담할 때는 유쾌하고 긍정적인 기분을 유지하도록 노력해야 한다.

◉ 항상 확고할 것

세일즈맨의 목표는 고객을 도와 고객이 원하는 상품을 구매하도록 돕는 것이다. 어떤 어려움이나 유혹에도 흔들리지 않고 고객에게 도움을 줄 수 있는 확고한 태도가 요구된다.

◉ 항상 진실할 것

고객에게 정직하고 솔직하게 대하는 것이 매우 중요하다. 유능한 세일즈맨은 고객에게 자신의 진솔하고 인간적인 면을 보여줌으로써 고객과의 신뢰를 쌓을 수 있다. 고객과 신뢰관계가 형성되면 정신적으로 건강해지고, 자신의 삶이 보다 향상된다는 것을 세일즈맨 스스로 깨달아야 한다.

세일즈 코칭의 기대 효과

지금까지 세일즈맨과 세일즈 매니저는 협력적인 관계라기보다는 서로 견제하는 경우가 더 많았다. 회사는 목표를 달성하기 위해 세일즈 매니저들을 압박하고, 압박을 받은 세일즈 매니저들은 세일즈맨들에게 실적을 강요하는 구조였다. 이런 환경에서의 고객은 세일즈맨들의 실적을 높여주는 수단이 될 수밖에 없다. 또한 고객은 상품을 구매하더라도 만족감을 느끼기보다는 세일즈맨의 강요로 인해 불편함을 느끼는 것이 현실이다.

세일즈는 고객과의 관계이다. 단 한 번으로 종료가 되는 거래가 아니라 고객과의 우호적인 관계를 형성하고 지속적인 거래를 통해 성과를 창출하는 것이 목표이다. 이렇게 될 때 비로서 세일즈맨은 효과적인 세일즈가 가능하고 고객의 가치를 최대한 창출할 수 있는 것이다.

고객은 자신이 원하는 상품을 구입할 수 있게 도와준 세일즈맨에게 만족을 느끼게 되고 관계가 더욱 돈독하게 된다. 세일즈맨에게 만족을 느끼게 되면 세일즈맨이 소속되어 있는 회사에 대해서도 충성 고객이 된다.

이런 세일즈맨의 활동으로 당연히 회사의 이익이 향상된다. 회사의 이익이 늘면 늘수록 세일즈맨에 대한 대우가 좋아지고 보상도 크게 된다. 이처럼 세일즈환경이 좋아지면 세일즈에 입문하려는 사람들의 수도 늘어나고 세일즈맨에 대한 사회적 인식도 달라짐에 따라 고객들이 세일즈맨에게 의존하는 정도는 더욱 크게 될 것이다.

〈 세일즈 코칭의 이해 〉

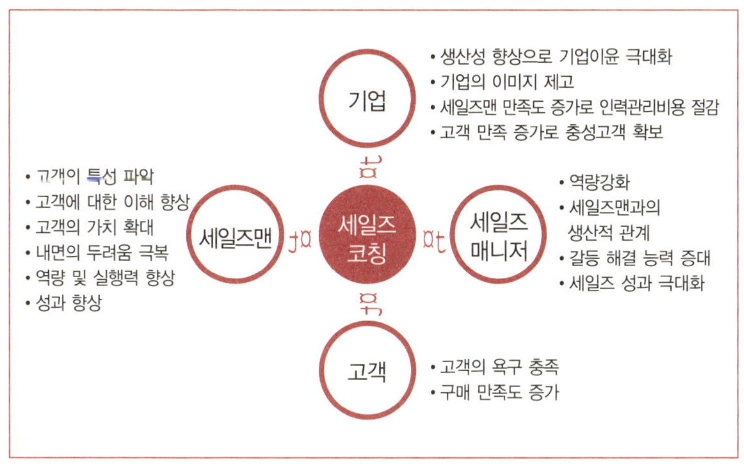

제2부

세일즈 코칭 스킬 이해하기

세일즈 환경은 시대와 함께 많이 변했다.
일방적으로 고객을 설득하여 성과를 올리는 능력이
훌륭한 세일즈맨의 조건처럼 보였던 것은 옛말이다.
요즘은 상대와 일대일로 커뮤니케이션을 통해
성과를 창출해야 하는 시대이다.
세일즈 코칭은 이를 가능하게 하는 방법을 알려준다.

EASY
SALES

1. 코칭과 세일즈의 관계

이젠 일대일 커뮤니케이션이다

사람은 여러 가지로 다르다. 교육 방법도, 병이 났을 때 사용하는 약도 저마다 다르다. 따라서 어떤 사람에게 무슨 일이 있을 때 그 사람에게 가장 적합한 것을 사용하는 것이 효과적이라는 것은 누구나 다 아는 사실이다. 그러나 현실은 그렇지 못한 경우가 많다.

사람이 저마다 다르다는 특징을 무시한 채 획일적인 방법을 구사하는 불합리한 상황에서 벗어나기 위해 여러 가지 방법이 시도되고 있다. 학교에서는 획일적인 교육에서 벗어나 학생에게 가장 적합한 교육 방법을 적용하기 위해 수준별 교육을 실시하고 있다. 의학계에서도 유전자 분석을 통해 개개인에게 적합한 맞춤 의약품에 대한 연구가 진행되고 있다. 한마디로 기성복을 입던 시대에서 맞춤옷을 입는 시대로 변화된 것이다.

코칭의 배경도 이와 비슷하다. 기존의 획일화된 방법의 교육으로는 세일즈 효과를 기대할 수 없다. 또 아무리 요구해도 세일즈 맨은 세일즈 매니저들이 원하는 만큼 움직이지 않는다. 마찬가지로 세일즈맨이 아무리 요구해도 고객은 세일즈맨을 위해 구매하지는 않는다. 이런 것들을 극복하기 위해서 과거와는 다른 방법을 써야 한다. 일방적으로 세일즈 매니저가 중요하다고 생각하는 교육을 실시하고, 세일즈맨이 필요한 상품을 고객에게 판매하는 것이 아니라 세일즈맨 각자의 재능, 능력, 행동방식과 사고방식에 적합한 교육을 하고, 고객에게 필요한 상품을 제공했을 때 훨씬 높은 성과를 올릴 수 있다.

이제까지는 리더의 조건을 사람들 앞에서 능숙하게 말하고 행동할 수 있는 설득력을 갖추어야 한다고 생각했다. 그래서 많은 세일즈 매니저들은 지금도 아침 미팅 때 감동적인 연설을 하면 자신의 훌륭한 리더십이 발휘되어 세일즈맨의 성과가 향상될 것이라는 믿음으로 아침 연설 준비에 많은 시간과 공을 들이고 있다. 이런 연설에 감동받는 세일즈맨이 없는 것은 아니지만 아무리 세일즈맨이 감동을 하더라도 그 감동을 고객에게 고스란히 전달하기는 어렵다. 오히려 세일즈맨이 일방적으로 주입받은 감동의 영향으로 자신이 선택한 상품을 고객에게 강요하는 부작용이 생길 가능성도 있다.

앞에서 말했듯이 세일즈 환경은 많이 변했다. 일방적으로 고객을 설득하여 성과를 올리는 능력이 훌륭한 세일즈맨의 조건처럼 보였던 것은 옛말이다. 요즘은 역할과 업무를 떠나서 상대와의 일대일 커뮤니케이션을 통해 성과를 창출해야 하는 시대이다. 같은 말을 하더라도 사람에 따라 받아들이는 방법이 다르고, 행동 방식과 실행 속도 등도 전부 다르기 때문에 세일즈맨은 고객의 속성을 잘 파악하고 고객과 세일즈맨의 양방향 커뮤니케이션으로 이루어지는 코칭을 이해하고 활용해야 한다. 말하자면 고객에 대한 맞춤형 세일즈에 능숙해져야 한다.

세일즈맨이 고객을 상대로 세일즈를 할 때 고객과의 일대일 커뮤니케이션을 통해 성과를 창출해야 하는 것은 너무나 당연한 것인데, 고객의 자발적인 구매를 이끌어내는 사람은 과연 세일즈맨 중 얼마나 될까? 사람과 사람 사이에서 일대일의 관계가 기본인 것처럼 상사와 부하와의 관계에서, 세일즈 매니저와 세일즈맨의 관계에서, 세일즈맨과 고객과의 관계에서 일대일 커뮤니케이션은 기본 중의 기본이다.

커뮤니케이션은 요청이다

직접적인 요구는 저항감을 부른다

커뮤니케이션은 단순한 정보교환이 아니다. 커뮤니케이션은 내가 원하는 것을 상대에게 요청해 가는 행위이다. 자신에게 필요한 자원 등을 효과적으로 상대에게 요청하기 위해서는 좋은 커뮤니케이션 기술이 필요하다. 세일즈에서는 세일즈맨이 자신이 원하는 것을 얻기 위해 고객에게 제품의 구입을 요청하는 것이다.

그러나 내가 원하는 것을 상대에게 직접 요구할 때는 자신의 내면으로부터의 저항이 따를 수 있다. '내가 말했을 때 상대가 거절하면 어쩌지?' 하는 거절 당하는 것에 대한 두려움과 함께 자신의 진심을 상대에게 알리고 싶지 않기 때문이다. 세일즈맨의 내면으로부터 나오는 거절에 대한 두려움 때문에 고객에게 제품을 구매해 달라고 말하는 것이 어려운 것이다.

대부분의 사람은 이런 것들을 피하기 위해 상대에게 내가 원하는 것을 직접 말하는 것이 아니라 다른 방법을 사용하기도 한다. 암시나 간접화법을 사용하고 자기 의견을 말하는 것이 아니라 다른 사람의 의견을 대신해 말하고, 말에 조건을 붙이거나 입바른 소리만을 하기도 한다. 혹은 불평불만을 직접 혹은 간접적으로 나타내는 사례도 있을 것이다. 그러나 이런 방법들은 바로 눈앞에 있는 위험을 피하게 하는 것은 가능하지만 말하는 사람의 목적이 충족될 확률은 낮아지고, 때로는 자신의 진심이 왜곡되는 결과를 가져올 수도 있기 때문에 오히려 상대와의 관계를 어렵게 만들기도 한다.

코치는 요청한다

코치는 암시를 하거나 돌려서 말하지 않는다. 상대와 자신의 프라이드를 지키는 것도 매우 중요하지만 그것보다는 상대와의 깊은 신뢰관계와 상대에게 솔직하게 말할 수 있는 여지를 마련하는 것을 중시한다. 이를 위해서 상대에게 요청했을 때 예상되는 문제에 대해 충분히 고려한 후 상대에게 말한다.

"상품 검토 약속을 지켜주세요."

"자신의 생각을 명확하게 말씀해 주세요."

"시간을 지켜 주세요."

"좀 더 간략하게 말해 주세요."

물론 이런 요청으로 대화가 단절되거나 거절당하는 사례도 있다. 그러나 대화가 중단되더라도 대부분은 다시 시작될 수 있다. 시간이 지나면서 상대가 코치의 진실을 이해하게 되기 때문이다. 세일즈에서도 마찬가지이다. 세일즈맨이 진실하다면 시간이 지나면서 고객이 세일즈맨의 진심을 이해하게 되고 이것이 서로 승—승 할 수 있는 관계를 만들 수 있다. 따라서 세일즈맨은 반드시 자신의 계획대로 고객을 움직이겠다는 생각을 버리고, 고객에게 거절당하는 것은 당연하다는 태도로 다시 한 번 의연하게 자신의 상품을 구매할 것을 요청해야 한다. 그러면 세일즈맨이 어떤 요청을 할때 고객이 듣기만 하는 것이 아니라 세일즈맨에게 좋은 제안과 정보를 제공하는 것이 가능해진다.

요청은 행동을 자극한다

많은 사람은 다른 사람이 말하는 것을 통해 스스로 의식하지 못했던 능력과 가능성을 발견하는 기회를 얻을 수 있다. 만약 "예전에는 어떻게 하셨어요?"라는 질문을 들었다면, 사람들은 즉시 과거로 향한 여행을 떠나게 되고, 과거에 자신이 가지고 있던 능력이나 행동들을 찾아보게 된다. 이처럼 요청은 사람을 행동하게 만든다.

예를 들어 세일즈 매니저가 세일즈맨에게 "이번 달에는 지난 달보다 고객 방문 횟수를 2배 더 늘려 보는 것은 어떠세요?"라고 요청했다고 가정하자. 세일즈맨의 머릿속에는 '내가 과연 할 수 있을까? 못하면 망신이 아닐까?' 등의 두려움이 가득차 이 요청을 받아들이기가 쉽지 않을 것이다. 그러나 이 요청을 받아들이는 순간부터 세일즈맨은 목표 달성을 위해 지난 달보다 더 활기차게 고객을 방문하게 될 것이다.

또 세일즈맨이 "이 상품에 대해 구입을 검토해 주십시오."라고 고객에게 요청해도 그 요청을 고객이 즉시 들어주지는 않을 것이다. 하지만 세일즈맨의 요청에 대해 고객은 그때부터 세일즈맨이 말한 상품에 대해 생각하기 시작한다. 사람은 기본적으로 누군가의 요청에 의해 행동을 하게 되는 것이다.

실제로는 용기와 자기신뢰, 다른 사람에 대한 신뢰가 있기 때문에 상대에게 어떻게 해 주기를 바라는 요청이 가능해진다. 요청하는 것은 현안을 확실히 하거나 구체화시키기 위한 효과적인 커뮤니케이션이다.

요청 수용이 커뮤니케이션의 클로징

코치는 커뮤니케이션을 컨트롤한다. '커뮤니케이션의 컨트롤'이란 커뮤니케이션에 대해 '시작하는 것이 가능하다.', '변하는 것이 가능하다.', '마무리하는 것이 가능하다.' 는 의미이다.

커뮤니케이션을 할 때 한 번 대화가 시작되면 마무리까지 해야만 한다. 마무리가 제대로 안 되면 대화 상대 중 어느 한쪽에게 아쉬움이 남거나 불쾌한 기분을 오랫동안 느끼기 때문이다. 세일즈맨이 고객에게 상품을 설명하고 있는데 갑자기 고객이 "오늘 급한 회의가 있어 여기서 마무리하고 싶습니다."라며 대화를 중단시켰을 때 유쾌함을 느끼는 세일즈맨은 없을 것이다.

이런 이유 때문에 커뮤니케이션은 캐치볼과 아주 비슷하다. A가 볼을 던지면 B가 그 볼을 잡는다. 그리고 B는 그 볼을 다시 A에게 준다. 이것이 한 번의 커뮤니케이션이 진행되는 과정이다. A가 볼을 던지는데 아무도 그 볼을 받아주지 않는다면 A의 마음속에는 자신의 의도가 상대에게 제대로 전달되지 못한 것에 대한 아쉬움과 함께 매끄럽게 마무리되지 못해 만들어진 불편함이 남게 된다. 공을 받은 B가 그 공을 A에게 주지 않고 어딘가 다른 곳에 던져버리거나 그대로 공을 가지고 있더라도 A에게는 제대로 마무리되지 못한 기분이 남는다.

잡은 공은 처음에 던진 사람인 A에게 돌려주어야 한다. 공이 A에게 다시 가면 A와 B는 서로 기분 좋은 감정을 느낄 수 있게 된다. 이것으로 한 번의 커뮤니케이션이 완성되는 것이다.

2. 코칭 스킬

고객의 속성을 정확히 이해하라

코칭 스킬을 본격적으로 이해하려면 고객에 대한 이해가 바탕이 되어야 한다. 세일즈맨은 세일즈를 위해 어떤 형태로든 고객과 관계를 맺기 때문이다. 고객에 대한 이해를 제대로 하지 못하는 세일즈맨은 세일즈를 성공시킬 수 없다.

고객과 맺어지는 관계는 그럼저럼 크게 '강요', '복종', '회피', '타협', '협조' 의 다섯 가지 형태로 정리할 수 있다. 이런 고객과의 관계 맺음이 세일즈 성과에 어떤 영향을 미치고, 세일즈맨이 고객과 어떤 관계를 만들어야 성과가 향상될 수 있는지에 대해 알아보기로 한다.

〈그림〉 고객과의 관계

강요(승-패)

세일즈에서 세일즈맨의 궁극적 목표는 고객에게 자신이 원하는 것을 판매하는 데 있다. 세일즈맨은 실적에 급급한 나머지 고객에게 무의식적으로 실적 달성을 위한 압력을 사용하려 한다. 친분관계, 명성과 정보 등 세일즈맨이 갖고 있는 다양한 종류의 힘을 사용해 고객에게 영향을 미치려 하는 것이다. 이렇게 영향력을 동원하게 되면 세일즈 결과가 즉시 나타나는 경우도 있기 때문에 세일즈맨은 이런 방법이 상당히 효과적이라고 인식하게 된다. 원청 업체가 하청 업체에게 자금 결제를 할 때 제품 구입을 강요하거나 금융기관에서 대출 받을 때 원하지 않는 적금, 펀드 혹은 보험에 가입시키는 것도 이런 '강요'의 결과이다.

그러나 이런 세일즈 방식은 항상 승자와 패자를 만들어낸다. 문제는 계약 시점에서는 세일즈맨이 승자가 된 것처럼 보이지만 고객은 세일즈맨과 자신의 구매 행위에 대해 부정적인 기억을 갖게 된다. 왜냐하면 승자인 세일즈맨은 자신의 목적 달성만 생각해 고객에 대한 배려가 부족했기 때문이다. 이런 결과는 장기적으로 세일즈맨과의 관계에 부정적인 영향을 준다.

또 새롭게 세일즈를 시작하는 사람들을 대상으로 회사가 세일즈맨과 개인적으로나 업무적으로 관계 있는 사람을 파악해서 먼저 그들에게 판매하도록 교육을 시키기도 한다. 세일즈맨은 자신의 지인들에게 물건 구입을 권유하게 되고, 권유를 받은 지인들은 어쩔 수 없이 제품을 구매하게 되는데 그럴 때 고객의 마음은 편하지 않다.

필자가 지금까지 보험 상품을 구입한 사람으로부터 가장 많이 들었던 말은 "보험에 가입해 줬다."는 것이다. "가입해 줬다."에는 본인의 의사와는 상관없이 강요에 의해 상품을 구입했다는 의미가 포함됐다는 것을 모두 이해할 수 있을 것이다. 강요에 의해 구입하게 되면 그 상품에 대한 즐거운 기억도 없어지고, 세일즈맨과의 관계도 지속되지 못하게 된다. 이런 부정적인 인식을 갖게 만든 가장 큰 이유가 바로 세일즈맨이 고객에게 제품 구입을 강요하는 판매 방법으로, 고객은 항상 패자라는 느낌을 갖게 만들었기 때문이다.

직장에서도 마찬가지이다. 상사가 자신의 지위를 이용해 부하에게 일방적으로 무리한 요구를 할 경우 우수한 부하일수록 불만을 갖고 상사를 위해 적극적으로 움직이지 않을지도 모른다. 이렇게 되면 그 부하의 성과는 오히려 낮아지게 되어 조직의 성과 향상에 결코 도움이 되지 않는다. 더구나 이런 일로 인해 우수한 부하가 성생 회사로 옮기기도 하는데, 이럴 경우 기업의 노하우와 정보가 경쟁 회사로 흘러가 장기적인 관점에서 회사에 엄청난 악영향을 미칠 수 있다.

세일즈맨과 고객과의 관계도 이와 유사하다. 제품 구입을 강요할수록 고객이 세일즈맨을 떠날 가능성이 높아지고, 고객으로부터의 평판도 나빠질 가능성이 크다. 이렇게 고객을 패자로 만드는 상황이 계속되면 고객이 점점 줄어들게 되어 결과적으로 세일즈맨이 그토록 원하던 성과 향상은 어렵게 되고, 결국은 세일즈를 그만 두는 상황이 올 수도 있다.

복종(패-승)

승자의 그림자 뒤에 패자가 있는 것처럼 세일즈맨이 구매를 강요하는 행위 뒤에는 이것을 그대로 수용하는 사람이 있다. 수용은 상대의 이익과 관심을 충족시키지만 자신의 이익과 관심은 충족시키기 어려운 상태이다. 결국 자신 스스로 원하지 않는 상황에 놓이게 만든다.

자신의 바람과 목적이 달성되지 못하는 상황이 계속되면 사람은 스트레스를 느끼고, 희망과 자신감을 잃어버려 무력감에 뒤덮인다. 동기가 저하되고 성과도 당연히 떨어진다. 장기간의 스트레스에 노출되면 건강상의 문제도 생긴다. 스트레스의 결과는 식욕부진, 우울증, 위궤양 등 열거할 수 없을 정도로 많다. 무기력한 조직원과 건강을 해친 조직원의 증가는 당연히 조직의 생산성 저하와 연결된다. 이것은 모든 사람에게 결코 행복한 상황이 아니다.

그런데 고객이 번번이 자신은 원하지 않는데도 세일즈맨의 요구 때문에 물건을 구매하게 되면 어떤 결과가 올까? 이 고객은 세일즈맨의 강요에 의해 구매를 했지만 그 물건을 볼 때 결코 만족감을 느끼지 못할 것이다. 이처럼 세일즈맨의 세일즈 방법에 따라 고객은 끊임없이 불편함을 느낄 수 있다. 이런 일들이 반복되면 점차 그 고객은 세일즈맨과 만나는 것조차 꺼리게 됨으로써 결국 고객과의 관계가 단절된다.

회피(패-패)

세일즈맨의 역할은 세일즈를 통해 고객이 윤택한 삶을 사는데 기여하는 것이라 생각한다. 이런 과정을 통해 세일즈맨 자신도 자부심과 자신감을 갖게 되고 또한 금전적인 보상도 따르게 된다. 반면 스스로의 활동에 대해 자부심을 갖지 못하면 자신의 행위를 부끄럽게 여기고, 소극적으로 세일즈에 임하게 된다.

필자가 만났던 많은 세일즈맨을 크게 두 가지로 나눌 수 있다. 자신의 지인을 대상으로 먼저 세일즈를 시작하는 사람과 자신의 지인보다는 새로운 고객을 대상으로 하는 사람이다. 고객의 입장에서는 세일즈를 시작하는 사람이 자신에게 먼저 접근하면 '강요' 당한다는 느낌을 받기 쉽다. 반면 어떤 고객은 전혀 알리지 않는 세일즈맨에 대해 자신을 회피한다고 생각하여 서운하게 생각할 수도 있다.

◉ 회피가 계속되면 서로 패자가 되기 쉽다

결과적으로 서로의 목표 달성이라는 점에서 확실히 서로 패자가 된다. 다른 말로 표현하면 자신에 대해서도 상대에 대해서도 배려가 없는 것이다. 세일즈맨이 고객에게 제품에 대한 설명을 하지 않으면 고객은 그 제품을 사용할 기회를 상실하게 된다. 반대로 고객이 세일즈맨과 만나는 것조차 거부할 경우 스스로의 생활을 풍요롭게 만들 기회를 놓치는 것이다. 결과적으로 아무도 서로의 목적을 충족시키지 못하는 결과를 만들게 된다.

필자도 고객을 회피해서 고객을 서운하게 만든 경우가 있었다. 동창 모임에서 있었던 일이다. 동창 한 명이 필자를 보자마자 서운하다고 목소리를 높였다. 이유인 즉, 자신이 임원으로 있는 회사에서 직원 대상 직무 교육을 얼마 전에 실시했는데 필자가 그 분야의 강의 전문가로 활동한다는 사실을 몰랐었다는 것이다. 필자가 어떻게 회사 생활을 했고 어떤 사람인지를 알고 있었던 그 동창은 그 교육에 필자가 더 적합한 사람이었지만 자신에게 말을 하지 않았기 때문에 자신이 좋은 기회를 놓쳤다고 오히려 필자를 탓했다.

⊙ 회피를 계속하면 문제가 더 커질 위험도 있다

세일즈맨이 고객에게 자신의 상품을 구매하라고 부탁하는 것을 언제까지나 피할 수는 없다. 정해진 기간 동안 성과를 내야 할 때 무작정 회피하는 것은 적절한 세일즈 태도가 아니다. 특히 자신의 상품에 대한 확신이 있다면 더욱더 회피해서는 안 된다. 내가 그 물건을 판매하지 않더라도 고객이 다른 세일즈맨으로부터 그 물건을 살 수도 있기 때문이다.

생명보험이 빛을 발하는 순간은 고객이 불행을 만날 경우이다. 보험 세일즈맨이 고객에게 가장 미안할 때가 "자신의 지인에게 보험 상품을 판매하지 않아 보험 사고에 대해 아무런 보장을 해주지 못한 경우."라고 말한다. 이것은 다른 분야의 세일즈맨들도 비슷할 것이다. 결국 내가 상대를 배려하지 못하면 상대도 나를 배려할 기회를 놓치게 되고 결국은 서로 패자가 될 수 있다.

이처럼 세일즈맨이 고객을 배려한다고 한 일방적인 행위가 결코 고객을 위하는 길이 아닐 수 있다. 세일즈맨이라면 지금 이 시간에도 고객을 위해 적극적으로 행동하지 않으면 나중에 고객은 더 어려운 상황에 처할 수 있다는 것을 깨달아야 한다.

타협(승-승, 패-패)

타협은 기본적으로 50대 50의 해결 방법이다. "나도 어느 정도 양보할 테니 당신도 그렇게 해 달라."는 결과이다. 타협은 거래 당사자가 서로의 목적 달성을 위해 어떤 대화를 통해 서로 합의했을 때 나오는 결과이다. 그러나 기본적으로 '고통분담'이지 서로가 완전히 만족한 상태는 아니다.

옛 스승이나 직장 상사 등 자신이 거절할 수 없는 친분의 세일즈맨이 찾아와 네트워크 마케팅을 시작했다며 물건을 사달라는 요청을 받았다고 상상해보자. 세일즈맨은 가급적 많이 파는 것을 기대하겠지만 고객 입장은 다르다. 다행히 고객에게도 필요한 제품이라면 세일즈맨이 원하는 만큼 충분히 구입하겠지만 그렇지 않다면 가급적 적게 구매하려 할 것이다. 이럴 때 대부분 서로의 체면을 유지하는 적당한 선에서 구매하는 것으로 거래가 종료된다. 이것이 바로 타협이다.

이 거래가 마무리된 후 거래 당사자들 머릿속에는 어떤 생각이 들까? '이 정도로 끝났으니 선방했다.', '더 구매할 수 있는데도 그것밖에 구매하지 않다니…….' 이런 생각이 든다면 이 거래는 서로 만족한 결과가 아니다.

위의 경우 거래 당사자는 각자 마음속으로 승패를 의식하고 있었다. 자신이 파악하고 있는 정보와 상황의 이해만으로 벌써 머릿속에는 어느 정도의 물건을 구매하면 상대와의 관계를 해치지 않으면서 거래를 끝낼 수 있다는 계산 결과를 가지고 상대와 대화한 셈이다. 이런 태도로 상대를 대하면 상대가 주장하는 이유와 근거, 상대가 가진 다른 정보를 탐색하는 과정을 생략하게 된다. 결과적으로 자신이 일방적으로 생각한 범위 안에서 거래가 마무리되어 상대와의 대화를 통해 얻을 수 있는 시너지 효과는 기대할 수 없게 된다. 이럴 경우 쌍방이 모두 만족하는 것이 아니라 어느 한쪽은 승, 다른 한쪽은 패가 결정되는 것이다.

타협을 단순히 '서로의 만족을 절반밖에 이끌어내지 못한 나태한 문제 해결 방법', 상상력을 동원해 서로에게 도움이 되는 문제 해결 방법을 찾기보다는 단순히 "서로 양보한 결과."라고 평가하는 사람도 있다. 태만이라고 하는 이유는 "반반으로 충분합니다."로 결정하기 전에 서로 충분히 대화했는가를 묻는 것이다. '결과를 얻기 전에 상대를 이해하는 노력을 했는가', '자신을 이해하도록 상대를 설득했는가', '더 좋은 결과를 위해 새로운 발상과 아이디어를 얻기 위한 노력을 했는가' 등이다.

예를 들어 옛 은사에게 어느 정도 물건을 구매해 주는 것이 해결책이라고 생각하고 물건을 구매하더라도 옛 은사에게 정말 도움이 되는 것은 아니다. 옛 은사가 새로운 직업에 적응하도록 하기 위해 단순히 내가 물건을 구매하는 것 말고도 다른 도움을 줄 수 있는 방법이 있을 수 있기 때문이다.

협조(승─승)

⊙ 먼저 승패 의식을 버려라

협조적인 해결 방법은 무엇일까? 승─승의 의미는 '거래 당사자 모두가 만족하는 것.'이라는 의미다. 어느 한쪽이 우위에 있거나 서로가 약간의 불만을 가진 채로 거래를 마무리하는 것은 아니다.

앞에서 설명한 옛 은사의 방문을 받았을 때 당신은 '어느 정도 물건을 사면 저 분과의 관계를 유지할 수 있을까?'를 먼저 계산할지 모른다. 이런 태도는 상대방에게도 나에게도 도움이 되지 않는다. 그보다는 먼저 상대방의 목적을 탐색해볼 필요가 있다.

옛 은사가 세일즈를 시작하게 된 계기는 무엇이었을까? 건강을 위한 소일거리일 수도 있고, 경제적인 도움을 위해서일 수도 있고, 다른 사람을 돕기 위한 자선 활동일 수도 있다. 이처럼 옛 은사의 목적을 알지 못한 채 단순히 자신의 추측만으로 물건을 사게 되면 상대의 목적을 제대로 충족시키지도 못하면서, 자신 역시 불편한 상태로 거래가 종료된다.

단순히 거래를 종료하는 것이 목적이 아니라 상대방의 진정한 목적을 이해할 수 있다면 그 목적에 맞는 대안을 얼마든지 찾을 수 있다. 건강을 위한 단순한 소일거리라면 먼저 연락을 드리고 방문을 요청할 수 있다. 경제적인 목적이라면 내가 지금 사용하고 있는 물건들 중에서 대체하여 구입하는 방법을 생각할 수도 있고, 동창들 모임에 초대하여 한꺼번에 상품을 설명할 기회를 드리는 등 다양한 방법으로 도울 수 있다. 이렇게 상대방의 목적을 만족시키면서 서로의 관계도 유지할 수 있는 방법은 얼마든지 있다. 이런 해결 방법들을 찾기 위해서는 상대방과의 진실된 대화가 필수다.

⊙ 협조 지향적 해결 방법

협조적인 해결을 바란다면 발상의 전환, 커뮤니케이션, 신뢰 이 세 가지가 구비되어야 한다. 세 가지를 바탕으로 서로의 목표를 달성하기 위해 서로 협조 지향적인 태도를 갖는 것이 중요하다. 협조 지향적인 방법은 다음과 같다.

① 서로가 문제 해결을 위해 협력적인 관계에 있다고 생각하는 것
② 신뢰를 기반으로 자신과 상대를 이해하기 위한 대화
③ 서로가 가능한 많은 정보를 공유하는 것
④ 거래 성립을 위해 가능한 방법을 다양한 각도에서 바라보는 것
⑤ 상대에게 도움이 되는 아이디어를 제안하는 것
⑥ 자신이 갖고 있는 여러 가지 자원(경제력, 권위, 아이디어, 지식, 지위, 권한 등)을 상대를 위해 어떻게 유효하게 사용할 수 있을까를 생각하는 것
⑦ 상대를 배려하고 자신의 감정도 배려하는 것

승—승이라는 용어 자체가 승부의 존재를 인정하는 것이라는 비판이 있을 수 있지만 기본적으로는 자신도 상대도 행복해지기 위한 방법이었다는 것을 확신하는 태도를 의미한다. 만약 확신이 있음에도 방법이 쉽게 떠오르지 않는다면 거래 상대와 함께 생각해보는 것이 좋다. 그 과정에서 새로운 발상이 떠오르고 또 다른 해결 방법을 찾을 수 있다.

승·패 지향	승·승 지향
• 자신 우선 • 불신을 전제로 한 커뮤니케이션 • 상대의 부정적인 측면에 주목 • 강제적인 방법 • 인간관계의 파괴	• 서로 협력하고 있는 관계 • 신뢰를 바탕으로 한 커뮤니케이션 • 우정을 바탕으로 도와줌 • 서로의 발전적인 노력 • 상대의 영향력을 효과적으로 활용

세일즈에서 가장 중요한 것은 상대방과의 솔직한 대화이다. 솔직한 대화가 가능해야만 비로소 세일즈맨은 고객의 구매 목적을 파악하고, 세일즈를 통해 고객의 목적을 충족시킬 수 있고, 목적이 충족된 고객은 세일즈맨에게 만족감을 느껴 서로가 협조적인 관계로 발전할 수 있기 때문이다.

고객과의 관계 모델에서 회피, 강요, 타협, 복종에 가까우면 고객과의 관계는 일회성에 그칠 가능성이 높다. 반면 협조(승—승)에 가까우면 가까울수록 고객과의 관계는 오랫동안 지속될 수 있다. 세일즈의 성공 여부는 고객과의 관계를 지속적으로 만드는 것이다. 따라서 고객과의 관계를 지속적으로 만들기 위해서는 세일즈맨의 커뮤니케이션 능력이 절대적으로 필요하다.

자, 그럼 이제부터 구체적으로 어떻게 고객과의 관계를 만들어나갈 것인지 살펴보자.

상대를 인정(Acknowledgment)하라

A : "오늘 날씨가 쌀쌀하네요."

B : "네, 오늘 날씨가 그렇네요."

이것으로 커뮤니케이션이 마무리된다.
그러나

A : "오늘 날씨가 쌀쌀하네요."
B : "글쎄요. 전 강원도 화천이 고향이라서 그런지 별로 추운
　　줄 모르겠네요."

대화가 이렇게 진행되면 커뮤니케이션은 제대로 마무리되지 못한 것이다. B는 춥지 않겠지만 A는 추운 것이다. A가 춥다고 생각하면 누가 뭐라고 해도 추운 것이다. 커뮤니케이션을 제대로 하기 위해서는 A의 그런 생각을 B는 가장 먼저 받아들여야 한다. "춥습니다."라고 말하면 "네, 춥네요."라고 대답해 준다. "A 씨는 춥게 느끼십니까?"라고 묻는 것이 이론적으로는 맞지만 보통의 대화에서는 이런 방식으로는 진행되지 않기 때문에 "춥네요."라고 표현하는 것이 적당하다.

인정은 칭찬과 다르다. 칭찬은 다른 사람에 대한 나의 평가이기 때문에 순수하게 받아들여진다고 말할 수 없다. 그러나 인정은 "여기까지 왔네요."라고 상대가 도달한 수준을 사실 그대로 전달하는 것이기 때문에 상대에게는 "잘 했어."라고 평가하는 것보다 받아들이기 쉽다. 인정할 때 바람직한 것은 상대방 스스로가 인식하지 못하는 것을 인식하고 그것을 상대에게 전하는 것이다.

그렇게 하는 것은 상당한 효과를 가져온다.

내 말을 상대가 받아들이면 대화가 마무리되는 느낌이 일어난다. 뭔가 한 가지를 마무리하면 마음이 개운해져 시원한 느낌이 들고, 이것이 행동하는 에너지가 된다. 반대로 행동으로 이어지지 않는 이유 중 한 가지는 대화가 마무리되지 않은 느낌에 있다. 대화가 제대로 마무리되지 않았다는 생각이 강하게 들면 그 일을 마무리하려고 시도하게 되는데 그때의 느낌은 불안하고 즐겁지 않기 때문에 행동으로 옮기기를 꺼리게 되는 것이다. 언제라도 마무리할 수 있는 능력을 가진 사람이 상대에게 자유롭게 말할 기회를 제공할 수 있다.

세일즈에서도 마찬가지이다. 세일즈맨은 고객을 인정하는 것이 정말 중요하다. 아무리 본인의 상품이 좋고 경쟁력이 있더라도 고객이 탐탁하지 않게 여기면 그대로 받아들여야 한다. 세일즈맨이 고객의 다른 의견에 대해 부정적인 생각을 말하면, 고객은 자신이 세일스맨으로부터 거부냉했다고 생각하게 된다. 이런 상태는 세일즈맨의 입장에서 결코 바람직한 상태는 아닐 것이다. 따라서 세일즈맨은 고객의 의견을 그대로 받아들이고 나서부터 본격적인 세일즈를 시작해야 하는 것이다.

사람은 자신이 하고 있는 것을 통해 자신이 성장하고 변화해가는 것을 안다. 그래서 그 사실에 기쁨을 느끼고 성취감을 맛보려 한다. 이런 자기 성장에 대한 느낌은 의욕과 자발성을 강하게 자극하는 에너지원이 되고, 결과 중심에서 과정 중심으로 변화시켜 일을 할 때 결과보다는 과정을 즐길 수 있게 만들어 주는 것이다. 이런 이유로 인정은 대화에서 상당히 중요한 역할을 담당하고 있다.

고객의 마음을 이해하며 경청하기

들어 준다는 의미

대화는 듣는 사람과 말하는 사람이 있기 때문에 성립한다. 그러나 사람들은 자기 자신이 무엇을 말할 것인가에 주로 주의를 집중하기 때문에 상대의 말을 듣는 것에는 별로 비중을 두지 않는다. 자신이 다른 사람과 대화하는 장면을 상상해 보라. 상대가 말할 때 겉으로는 듣고 있는 것처럼 보이지만 마음속으로는 다음에 무슨 말을 할까 고민한 적은 없었는가? 아마도 상대의 말에 맞장구를 치기는 하지만 진실하게 상대방의 말을 듣고 있는 것은 아닐 것이다.

웅변 학원은 있어도 경청 학원은 없는 것처럼 우리 주변에는 말하는 사람은 많지만 말을 제대로 듣는 사람은 많지 않다. 예를 들어 세일즈맨이 굉장히 무더운 날 땀을 뻘뻘 흘리면서 사무실로 돌아와 세일즈 매니저에게 업무 보고를 할 때 그 매니저가 가장 궁금해 하는 것은 세일즈맨이 어떤 활동을 했는가보다 어떤 결과를 얻었는가이다. 세일즈 매니저가 듣고 싶은 것은 오직 결과로, 판매를 했는지 못했는지에 대한 것 뿐이다. 대부분의 세일즈맨은 고객과 대화할 때 세일즈 매니저처럼 행동할 가능성이 높다. 고객이 어떤 과정에 있는가에 대한 관심보다는 결과에 더 큰 관심을 두기 때문에 무의식적으로 결과를 재촉하게 되고, 고객과 함께하는 과정을 즐길 수 없게 되는 것이다.

이런 마음으로 대화를 하게 되면 세일즈맨은 자기가 궁금한 것을 해소하기 위해 고객을 재촉하게 되고, 그것에 신경이 쓰이는 고객은 자기변명에 전념하게 된다. 이때 세일즈맨은 '왜'라는 단어를 사용하게 된다.

"왜 그때 한 약속을 지키기 않으세요?"
"왜 그때와 다른 말을 하세요?"

이럴 때 고객은 '뭔가 내가 잘못한 건가?', '저 사람이 내 말을 듣고 있기는 한가?'라는 생각을 하게 되면서 세일즈맨이 자신의 말을 듣고 있지 않다고 판단한다. 이런 판단은 결국 고객이 세일즈맨에 대해 부정적인 심리 상태를 갖는 것으로 이어진다. 상대가 내 말을 듣고 있지 않는 느낌이 들면 고객은 초조와 불안, 그리고 고독감과 함께 자신의 존재가치가 없어지는 것을 느낀다. 즉 '내 말을 듣고 있지 않다.'는 것의 의미는 '내가 중요한 사람이 아니다.'와 동일하게 느껴지는 것이다.

안타깝게도 세일즈 현장에서 말을 많이 하는 세일즈맨은 많지만 고객의 말을 제대로 듣는 세일즈맨은 별로 없는 것 같다. 세일즈에서는 고객의 말을 충분히 들어주면서 세일즈맨 스스로 자신의 생각을 정리할 시간이 필요하다. 고객의 말을 들어주기 시작하면 내가 하고 싶은 말을 못할 것 같은 불안감으로 인해 고객의 말을 잘 듣게 되지 않지만, 실제로 고객이 바라는 것은 그냥 "나의 이야기를 들어 달라."는 것 뿐이다.

고객의 말을 들어줄 수 있는 사람만이 고객의 가치를 인식한다. 그래서 고객과 커뮤니케이션을 할 때 듣는 능력을 더욱 발전시켜 더 많이 듣는 사람이 되어야 한다. 그렇게 함으로써 보다 좋은 인간관계를 만드는 능력을 몸에 익혀 갈 수 있다.

세일즈 코칭은 경청이다

상대의 말을 듣는 것은 상대가 원하는 것을 들어주는 것이 아니라 상대가 무엇을 하고 싶어 하는지, 무엇을 하고 싶어 하지 않는지를 듣고 이해하는 것이라 할 수 있다. 사람들은 상대를 만날 때 상대의 생각을 읽기 위해 많은 노력을 한다. 이렇게 하더라도 상대의 기분을 어느 정도 파악하는 것은 가능하지만 상대의 생각을 완전히 이해하기는 어렵다. 상대의 말을 제대로 듣지 않으면 명확하게 이해하기 어려운 것도 많기 때문이다.

우리가 반드시 상대의 말을 들어야 하는 이유는 다음 세 가지 때문이다.

- 요청을 듣는다
- 제안을 듣는다
- 질문을 듣는다

우리 주변에서 흔히 볼 수 있는 불평불만이 많은 사람을 생각해 보자. 사람들이 불평불만을 하는 이유는 자신의 내면에 충족되지 못한 뭔가가 있기 때문이다. 내면에 충족되지 못한 뭔가를 상대에게 제대로 말하지 못할 때 "뭔가 문제가 있습니까?", "뭔가 하고 싶지 않은 일이 있습니까?"라고 질문함으로써 당신의 불평불만을 나는 무시하지 않는다는 것을 보여주고, 자신의 속마음을 말할 수 있는 기회를 만든다면 상대는 세일즈 코치가 원하는 대로 계속 움직일 가능성이 높아진다. 상사나 세일즈맨에게 부하나 고객이 뭔가를 요청하는 것 자체가 '행동'인 것이다.

커뮤니케이션이 복잡해지는 것은 사람들이 자신이 원하는 것을 직접 말하지 않고 여러 가지 복잡한 방법으로 전달하기 때문이다. 따라서 코치는 커뮤니케이션을 할 때 상대의 요청에 대해 교통정리를 해야 한다. 세일즈에서도 세일즈맨에게 필요한 것은 고객의 요청에 대해 민감하게 반응하는 것이다. 세일즈맨은 고객의 마음 깊숙한 곳에서 다양하게 일어나는 요청들을 잘 정리하여 받아들여야 한다. 따라서 매 순간 고객의 요청을 인식하고 그것을 충족시키려는 노력이 세일즈맨에게는 필요하다. 이것이 고객과의 관계를 유지하는 방법인 것이다.

코치가 배우는 커뮤니케이션 스킬의 많은 부분이 경청 능력을 높이는 것이다. 코칭의 실제는 '듣는 것'과 '듣고 분간하는 것'이다. 코치가 들을 때는 그냥 듣기만 하는 것이 아니라 상대의 의식과 무의식을 함께 연결할 수 있는 통로를 자신의 내면에 만들어간다.

코치가 듣는 능력을 높인다면 고객이 스스로 인식할 수 없었던 가능성을 이끌어내는 것도 가능하다. 내 자신 혹은 코치와 대화하더라도 특별한 것이 없을 때도 있다. 그러나 확실히 상대와 대화하다 보면 자신의 내면에 무한한 자원이 있다는 것을 느낄 때가 있다. 누구에게나 아직 스스로 발견하지 못한 자원이 있기 때문이다.

세일즈맨이 지금 만나고 있는 고객만을 대상으로 세일즈를 할 때와 그 고객이 알고 있는 다른 사람을 소개받는 등 고객의 대상을 넓혀 세일즈를 하는 것과는 큰 차이가 있다. 세일즈맨이 듣는 능력을 향상시킬 수 있다면 고객의 잠재되어 있는 자원을 발견할 수 있고, 이것이 실적 향상으로 연결될 수 있다.

대화하기 좋은 환경을 조성하라

잘 듣는다고 하는 것은 '상대가 나에게 말하기 쉬운 환경'을 만들 수 있다는 것이다. 예전에 법인을 대상으로 세일즈를 할 때였다. 외국계 유명기업의 한국지사장이 한 달에 한 번 정도 주기적으로 나를 찾았다. 특별한 용건이 있는 것이 아니라서 내가 하는 일이라고는 그냥 그의 이야기를 들어주는 것이었다. 듣기만 할 뿐 어떤 사업적인 말도 하지 않았기 때문에 그 지사장은 나를 편하게 여겼다. 이처럼 사람은 자신의 말을 잘 들어주는 사람에게 끌리게 되어 있다. 내가 친하다고 생각하는 대부분의 사람은 내 말을 잘 들어주는 사람일 가능성이 많다.

세일즈맨은 고객의 말을 잘 들어주는 것만으로도 고객과의 관계를 좋게 만들 수 있다. 왜냐하면 우리는 스스로 잘 인식하지 못

하는 사이에 상대가 말하기 어려운 환경을 만들어 버리기 때문이
다. 예를 들면 다음과 같은 경우이다.

◉ 공격적인 태도

이 태도의 문제는 내가 공격적인 태도를 취하고 있는지 스스로
알지 못하며 상대에게 공격적인 인상을 준다는 것이다. 예를 들
어 말하는 도중에 손가락으로 책상을 두드린다거나 몸을 흔들고
미간에 주름을 만들어 험한 표정을 짓는 것 등이 해당된다.

◉ 우위에 있다는 태도

우리는 상대의 말을 들으면서 무의식적으로 상대와 비교하게
된다. 내가 상대와 비교해 위일까 아래일까, 이길까 질까와 같이
이분법적으로 자신의 위치를 결정한다. 자신이 우위에 있다고 판
단되면 상대방의 말을 듣기 보다는 자신의 의견을 상대방에게 강
요하면서 강압적인 느낌을 줄 수 있다.

◉ 마음이 통하지 않는다는 태도

대화를 하다 보면 상대가 내 말을 잘 이해하거나 들어주고 있
지 않다고 느낄 때가 있다. 내가 생각과 감정이 있는, 살아있는
사람이라는 것을 상대가 이해하지 못한다고 느껴지면 나도 상대
에게 내 마음을 닫아버리게 된다. 이 결과 상대와 겉으로는 말이
통하는 것처럼 보일지라도 실제로 상대의 말이 나를 움직이게 만
들지는 못하게 된다.

◉ 바르지 못한 태도

스스로 상대에게 자신이 있다고 믿을 때의 태도를 보면, 머리 뒤로 손을 잡거나 의자에 등을 깊숙이 기대거나 다리를 꼬고 상대의 말을 듣는 경우가 있다. 이럴 때 듣는 사람의 의도와는 상관없이 말하는 사람이 받아들이는 메시지는 단 한 가지다.

"당신이 하는 말을 나는 안 들어!"

◉ 신경질적인 반응

자신이 만든 제안서를 고객에게 심사 받을 때나 어린 상사와 함께 일할 때 등 마음 깊은 곳에서 불편함을 느끼는 상황에서 손가락으로 책상을 두드리거나 머리를 긁적거리는 행동을 하기 쉽다. 이런 반응을 상대가 느끼면 자신도 상대의 말을 듣는 것이 괴로운 만큼 상대 또한 말하는 것이 괴롭다는 것을 명심해야 한다.

우리들이 무의식적으로 상대와 대화하기 어려운 환경을 만드는 이유는 대화의 주제에 의해 상대와의 승-패가 결정되기 때문이다. 이분법적으로 상대와 대화를 하게 되면 누군가는 패자가 되고, 이것이 결정되는 순간 대화는 단절되어 버리기 쉽다. 따라서 우리는 상대와의 비교를 통해 내가 위일까 아래일까, 알까 모를까, 바를까 틀릴까와 같은 이분법을 극복해 서로 승-승 할 수 있는 방법을 찾아야 한다. 상대와의 대화에서 승리를 하는 것도 중요하지만 서로 협력 관계를 만들고 보다 큰 에너지로 협력 관계를 만드는 것에 사용할 수 있다는 시각으로 보면 상대와 승-패에 연연하는 것은 좋은 방법이 아니다. 주변 사람들의 말하는 능력을 높이기 위해서는 이분법으로부터 벗어나 '훌륭한 경청자'가 된다는 약속을 지켜야 한다. 특히 세일즈 매니저가 세일즈맨을 대할 때, 세일즈맨이 고객을 대할 때 듣는 태도가 더욱 중요하다.

잘 듣기 위한 10가지 포인트

잘 들어주는 사람과 대화한 경험이 있는 사람은 자신도 상대의 말에 몰입하고 있다는 것을 경험했을 것이다. 이처럼 잘 듣는 사람은 자신뿐만 아니라 상대방 또한 잘 들어주는 사람으로 만들어 준다. 잘 들어주는 사람이 되기 위해 알아야만 하는 10가지 요령은 다음과 같다.

◉ 시간의 여유를 갖는다

효과적인 대화를 하려면 시간이 걸린다. 당장은 시간이 걸리더라도 장기적인 안목에서 본다면 여유를 가지고 상대방과 충분한 대화를 하는 것이 오히려 시간절약이 될 수 있다. '급할수록 돌아가라.'는 속담처럼 마음이 급할수록 오히려 차분하게 대응해야 의사전달이 제대로 될 수 있고, 내가 전하고 싶은 내용을 정확히 전달할 수 있다. 또한 듣는 사람 입장에서도 말하는 사람의 의도를 정확하게 파악할 수 있다. 따라서 제대로 된 소통을 위해서는 어느 정도의 시간을 할애할 필요가 있다.

◉ 상대를 존중한다

사람을 대하는 자세는 상대의 사회적 지위에 따라 달라진다. 상대가 나보다 상대적으로 아래에 있다고 판단되면 듣기보다는 자신이 더 많은 말을 하려고 한다.

우리가 상대의 말을 듣는다는 것은 단순히 말을 듣는 것이 아니라 상대를 이해하려는 노력이다. 그렇기 때문에 순수한 마음으로 상대를 받아들이겠다는 각오가 필요하고, 상대를 존중할 때 비로소 상대를 이해할 수 있다.

자신의 의견을 말하는 것은 누구나 할 수 있다. 그러나 상대를 존중하면서 상대의 말에 귀를 기울이는 것은 어렵다. 그렇기 때문에 자신의 말을 잘 들어주는 사람을 누구나 좋아하는 것이다.

⊙ 말하기 쉬운 환경을 만든다

엄격한 직장 상사와 대화할 때와 편한 친구와 말할 때의 분위기는 분명히 차이가 난다. 엄격한 직장 상사와 대화할 때 머릿속에는 '내가 말을 잘못하면 책망 받을 수 있다.'는 걱정이 앞서게 된다. 이렇게 되면 대화 그 자체가 어렵게 된다.

반대로 친한 친구와 대화할 때를 생각해보자. '내가 무슨 말을 하더라도 친구는 이해해 줄 거야.'라는 생각에 자연스럽게 자신의 속마음도 편안히 말하게 된다. 따라서 상대와 대화를 잘 하기 위해서는 먼저 상대방이 나에게 편안하게 말할 수 있는 분위기를 만드는 것이 중요한데, 심리적인 편안함과 함께 물리적인 편안함도 여기에 포함된다.

◉ 중간에 말을 자르지 말고 끝까지 듣는다

상당히 중요하지만 잘 지켜지지 않는 태도 중 하나이다. 우리는 보통 다른 사람들이 말하는 것을 듣고 끊임없이 판단하게 된다. 그 과정에서 일어나는것 중 하나가 추측이다. 상대의 말을 추측하면서 몇 마디만 듣다보면 이미 자신은 상대의 마음을 안다고 믿고 더 이상 들으려 하지 않은 채 상대의 말을 중단시키고 자신의 생각을 상대에게 강요하게 된다.

사람은 누구나 자신의 말을 잘 들어주는 사람을 신뢰하게 된다. 세일즈를 할 때 세일즈맨이 가장 중요하게 생각해야 하는 것은 고객의 말을 잘 들어주는 것이다. 설사 고객이 세일즈맨의 말을 잘못 이해하고 있더라도 고객의 말을 끝까지 듣고, 자신의 의견을 말하는 태도가 필요하다.

◉ 판단하지 않는다

판단한다는 것은 실제로는 말하는 사람의 말을 제대로 듣고 있지 않다는 것을 의미한다. 판단을 한다는 것은 상대의 말을 내 잣대(기준)로 평가하는 것이다. 내 기준으로 평가를 하기 시작하면 상대의 의견과 내 의견이 다를 때 '그렇지만, 그러나'를 사용하여 상대의 말을 자르고 반박하게 된다. 내가 한 말이 상대로부터 반박 당하게 되면 더 이상 말을 하고 싶지 않게 된다. 효과적인 대화를 위해서는 자신의 잣대로 상대의 말을 판단하지 않도록 주의해야 한다.

⊙ 제대로 이해하는지 때때로 확인한다

말은 운송수단과 같다. 말에는 말하고 있는 사람이 전달하고 싶은 정보와 희망사항, 질문이 담겨있다. 그러나 듣는 사람이 받아들이는 과정에서 내용을 왜곡하는 경우가 많다. 이를 방지하기 위해서는 "이렇게 이해하고 싶은데 말씀하신 것은 이런 의미입니까?" 혹은 "지금 말씀하신 것을 간단하게 정리를 해주시겠습니까?"라고 확인하는 것이 좋다.

⊙ 객관적인 자세를 갖는다

감정, 사고, 선입관은 좋은 경청자가 되는 것을 방해한다. 경청하는 사람은 자신의 감정과 생각을 컨트롤할 수 있어야 한다. 감정이 격앙된 상태에서는 상대의 말을 제대로 이해하고 합리적으로 판단할 수 없게 된다.

이를 극복하려면 객관적인 사실들만 가지고 판단의 근거로 삼아야 한다. 추측놀이는 그만두어야 한다. 상대와 오해가 생기는 가장 큰 이유는 객관적인 근거가 없는 주관적인 추측 때문이다. 따라서 제대로 된 경청을 하기 위해서는 객관적인 사실만을 판단의 근거로 삼는 습관을 들여야 한다.

⊙ 적절한 바디 랭귀지를 사용한다

커뮤니케이션에는 언어적인 부분과 비언어적인 부분이 있다. 효과적인 경청이 이루어질 때는 그 대화에 어울리는 바디 랭귀지를 사용하는 것이다. 예를 들어 상대가 나를 향해 몸을 숙여 말을 하면 나도 같이 상대를 향해 몸을 기울여 대화하는 것이 바람직하다. 상대가 제스처를 많이 사용할 때 나도 같이 제스처를 사용하면 상대는 나에게서 무의식적으로 자신과 비슷한 모습을 인식하게 되어 안심하게 된다.

⊙ 침묵은 중요하다

말하는 상대가 뭔가 숨기고 있을 때 당신이 오히려 침묵을 해보라. 말하던 사람은 침묵을 깨기 위해 자신이 의도하지 않았던, 마음속 깊이 숨겨두었던 것까지 말하기도 한다. 또 침묵함으로써 상대의 기분을 진정시키고 생각을 정리할 시간을 주어서 기분 좋은 느낌을 함께 즐기는 것이 가능해진다.

⊙ 경청의 힘을 믿는다

효과적인 경청이 갖고 있는 힘을 믿어야 한다. 열심히 듣겠다는 것을 의식하는 것이 중요하다. 위에서 말한 원칙들을 알고 있지만 잘 지키지 못하는 이유 중 하나가 그것이 얼마나 중요한 것인지를 자꾸 잊기 때문이다. 경청의 힘을 믿고 머리와 마음을 움직여서 듣는다.

세일즈맨은 듣는 사람이다

세일즈에서 성공 확률을 높일 수 있는 가장 확실한 방법은 고객의 마음을 아는 것이다. 대부분의 세일즈맨이 고객의 마음을 알아야 한다고 하면서도 별다른 노력을 하지 않거나, 오히려 말을 더 많이 하면서 고객을 설득하려고 한다. 그러나 세일즈맨이 말을 많이 하면 할수록 고객의 소리를 제대로 들을 가능성은 줄어든다.

거꾸로 생각해보자. 고객이 굳이 아까운 시간을 할애해 세일즈맨을 만나야 하는 이유는 무엇일까? 세일즈맨이 고객을 위해 말을 많이 하는 진정한 이유는 세일즈맨을 위해서인가? 고객을 위해서인가?

◉ 고객이 말하게 한다

우리는 상대가 내 말을 열심히 듣고 있을 때 자신감을 갖고 더 많은 이야기를 하게 된다. 고객과 대화할 때도 고객이 편하게 말할 수 있는 환경을 만들어줘야 한다. 고객이 말할 때 두 눈은 고객에게 고정하고 가끔씩 고개를 끄덕이며 맞장구를 쳐준다. 또 틈틈이 더 깊은 말을 하도록 질문하는 것도 좋다. 세일즈맨이 고객의 말을 잘 들으면, 고객은 긴장을 풀어 자신이 하고 싶은 말을 하게 되고, 이럴 때 고객과 세일즈맨 사이에는 신뢰관계가 형성된다.

◉ 고객을 파악할 수 있다

고객의 말을 잘 들으면 고객으로부터 많은 정보를 얻을 수 있다. 자라온 환경이 지금 어떤 영향을 미치고 있는지, 고객이 어떤 것을 중요하게 생각하는지도 파악할 수 있다. 이런 것들이 제대로 파악되면 고객이 어떤 종류의 제품을 선호하는지도 쉽게 알 수 있다.

⊙ 고객이 바라는 것을 이끌어 낼 수 있다

세일즈맨이 가장 중요하게 파악해야 하는 것 중 하나가 고객의 경제적 능력이다. 경제적 능력을 제대로 파악하지 못하면 세일즈맨은 상당히 당황스런 상황에 처할 수도 있다. 필자가 아는 세일즈맨 중에서 고객의 외모만 보고 상당히 오랫동안 시간과 정성을 들였다가 경제적 능력이 없는 사람으로 드러나서 굉장히 허탈해 하는 경우도 봤다.

반면, 현재 자신의 경제적 능력이나 여건은 안 되지만 주변 인맥을 동원해 세일즈를 도와줄 수 있는 고객도 있다. 어떤 상황이든지 세일즈에 도움이 되는 것은 확실하다.

따라서 세일즈맨은 고객이 어떤 자원을 보유하고 있는지를 이해하고, 고객의 목표를 명확하게 파악해야 한다. 고객의 꿈이나 목표 등을 실현시켜 주는 과정에서 서로가 승—승의 관계가 될 수 있다는 것을 명심해야 한다.

⊙ 고객의 생각을 정확히 이해할 수 있다

사람은 항상 자신에게 유익한 말만 골라 듣는 경향이 있다. 고객이 무슨 말을 하든 세일즈맨은 항상 자신에게 유리한 방향으로 해석하는 것이다. 그러나 상대방의 말을 잘 듣게 되면 내가 이해한 것이 정말 고객이 말하고 싶었던 것인가에 대한 차이를 알 수 있게 된다.

⊙ 효과적인 질문을 만들 수 있다

고객의 말을 잘 듣다 보면 뭔가 생략되거나 이해가 잘 되지 않는 부분이 생긴다. 이럴 때 고객에게 직접 질문하는 것이 고객의 마음을 더 잘 이해할 수 있는 가장 쉬우면서도 정확한 방법이다. 우리가 좋은 질문을 하기 위해서는 잘 들어야 하고, 잘 들으면 좋은 질문을 만들 수 있는 실마리를 얻어 선순환이 가능하게 된다.

고객의 구매를 촉진하는 질문하기

코칭 질문의 본질

친구들과 차를 마시다가 누군가가 "이 차의 원산지는 어디지?"라고 말하면 대부분의 경우 그 자리에 있던 사람들은 자신들의 지식을 동원해 대답하려고 노력할 것이다. 어떤 사람들은 '인생이란 무엇인가?'라는 무거운 주제를 해결하기 위해 일생을 보내기도 한다. 가벼운 질문이건 무거운 주제이건 일단 사람은 질문을 받으면 질문에 대한 답을 찾으려는 어떤 행동이라도 하게 된다. 설사 그 자리에서 대답을 얻지 못한다 하더라도 풀지 못한 물음이 계속 머릿속에 남아 있다가 해결되면 비로소 의문점이 해소되는 경험을 해봤을 것이다. 이처럼 우리의 뇌는 의문점이 생기면 이것을 해결하기 위해 노력하게 되는데, 이런 속성을 이용한 것이 코칭에서의 질문 스킬이다.

우리의 '의식'은 한 번에 하나씩만 처리할 수 있어 어떤 특정한 것에 초점을 맞추면 다른 것을 생각하기 어려워진다. 예를 들어

"세 번째로 존경하는 사람은 누구입니까?"라고 질문하면 많은 사람은 먼저 첫 번째로 존경하는 사람을 떠 올리고, 다음으로 두 번째, 그리고 마지막으로 세 번째 순으로 생각하게 된다. 따라서 질문을 듣고 대답할 때까지 상대는 '내가 존경하고 있는 사람은 누구일까?'라는 것에 대한 해답을 찾는 것에 초점을 맞춘다. 이렇게 누군가에게 질문을 하면, 대화의 초점이 질문의 내용에 집중하게 된다. 결국 질문을 받으면 상대는 '질문의 내용'에 대한 해답을 찾기 위해 모든 의식을 집중한다. 결국 세일즈맨이 고객과의 대화에서 어떤 질문을 하느냐에 따라 고객의 의식 방향을 결정할 수 있다는 것을 의미하는 것이다.

고객의 자발성을 이끌어내는 질문

세일즈 코칭에서 가장 중요한 것은 고객의 자발성을 이끌어내는 것이다. 고객이 자발적으로 구매의 필요성을 느끼고 구입하는 것이다. 따라서 세일즈맨은 고객이 자발적으로 구매하도록 만들기 위해 효과적인 질문을 어떤 방법으로 어떻게 만들고 언제 사용할 것인지를 결정하는 것이 매우 중요하다.

성과가 있는 대화를 위해서는 대화의 목적이 있어야 한다. 대화의 목적은 대화를 하는 동안 완전한 결론을 내는 것, 문제를 해결하는 것과 기회를 포착하는 것 등이다. 따라서 목적이 있는 대화라는 것은 대화를 하는 주제에 대해 목적을 명확하게 하고 대화를 발전시켜 마지막에는 어떻게 결론을 내릴까를 결정해 가는 것이다. 즉 Who, When, Where, What, Why, How의 5W1H가 명확한 대화이다. 코치의 역량은 대화를 하면서 5W1H의 의문부호를 어떻게 적절하게 사용하여 효과적인 질문을 만들어 가는가에 달려있다.

열린 질문과 닫힌 질문

질문은 크게 열린 질문과 닫힌 질문 두 가지로 나눌 수 있다. 일반적으로 열린 질문은 5W1H를 사용한 것으로, '열린' 이라는 글자 그대로 대답의 내용은 여러 가지가 될 수 있다. 닫힌 질문은 주로 Yes와 No로만 대답하는 것으로 주로 사실과 의견을 명확하게 사용하기 위해 사용하지만 실제로 두 가지 중 하나를 선택하게 만들기 때문에 힐문하는 것으로 느끼게 만들 수 있다. 따라서 고객과의 대화에서는 가급적 열린 질문을 사용하는 것이 좋다.

5W1H에서 Why는 열린 질문의 형태를 가지고 있지만 실제로는 상대를 힐문(트집을 잡아 따져 물음)하는 닫힌 질문으로 사용되는 경우도 있어 주의가 필요하다.

"왜 계약서를 잘 보관하지 않으셨나요?"
"왜 제가 설명한 부분을 기억하지 못하시나요?"
"왜 약속을 지키지 않으세요?"

'왜' 는 상대에게 설명을 구하는 질문임과 동시에 책임을 추궁하는 의미도 있다. '왜' 라고 질문하면 상대를 심리적으로 위축시켜 상대로 하여금 창조적이고 적극적인 행동을 할 수 없게 만든다. 다만 깊이 통찰하거나 사물의 이치를 탐색하고 사건의 원인을 파악하기 위해 사용하는 '왜'의 효과는 상당히 크다.

"왜 다른 사람에 비해 성과가 떨어질까?"
"왜 신상품의 효과가 즉시 나타나지 않을까?"
"기계의 고장이 왜 그렇게 자주 발생할까?"

이처럼 사람을 대상으로 왜를 사용하면 질책하는 것이 되지만 서로 같은 방향으로 초점을 맞춰 원인을 파악하려고 할 때는 상당히 유효한 질문이 된다.

같은 내용이라도 "계약에 실패한 것은 내게 뭔가 부족한 것이 있었기 때문이 아닐까?", "대화를 할 때 뭔가 신경이 쓰였던 것은 없었나?"와 같이 What을 사용하면 열린 질문으로 바뀌게 된다. "어떻게 하면 같은 실패를 반복하지 않을 것이라고 생각합니까?", "다음에는 어떻게 할 예정입니까?"와 같이 How를 사용해도 열린 질문을 만들 수 있다.

바람직한 질문

질문을 크게 두 가지로 나누면 열린 질문과 닫힌 질문이 있다고 설명했다. 이를 좀 더 세분화해 보면 다음 세 가지로 나눌 수 있다. 고객에게 질문을 하는 목적은 세일즈맨의 경우 고객의 마음을 읽고, 고객의 자원을 탐색하는 것이다. 고객의 경우에는 자신이 정말 원하는 것이 무엇인지, 그리고 어떤 방법으로 구매할 수 있고, 구매를 통해 자신이 충족할 수 있는 것이 무엇인지를 파악하는 것이다.

다만 주의해야 할 것은 질문에도 비언어적 요소가 더 중요할 수 있다는 점이다. 아무리 좋은 형태의 질문을 만들더라도 어조나 제스처가 고객을 책망하는 태도라면 질문은 고객에게 자신을 책망하는 의미로 전달될 수 있다. 정말로 고객에게 호기심을 갖고, 고객을 위하는 마음이 우러나오는 질문을 할 때 비로소 고객도 자신을 성찰할 수 있는 기회를 갖게 된다.

◉ 확장 질문과 폐쇄 질문

확장 질문은 고객으로부터 다양하고 자유로운 대답을 듣고 싶을 때 사용할 수 있다. 반면 폐쇄 질문은 구체적이고 제한된 정보를 얻고자 할 때 보다 효과적이다.

확장 질문	폐쇄 질문
• 가족을 위해 할 수 있는 방법은 어떤 것이 있을까요? • 예전에 어떤 방법으로 어려움을 극복하셨나요? • 자신이 가장 자랑스러울 때는 언제인가요?	• 오늘 하루 잘 보내셨어요? • 이 제품을 사용하니 좋으세요? • 계약을 마무리하고 나니 기분이 좋으세요?

◉ 미래 질문과 과거 질문

미래 질문은 고객이 발전적이고 미래지향적인 행동을 원할때 사용하면 효과적이다. 과거 질문은 과거에 일어난 사건의 원인이 궁금할 때 사용할 수 있다. 이때 주의할 것은 과거 사건이 고객에게 긍정적인 영향을 주었을 때는 효과적이지만 부정적인 영향을 준 사건일 경우에는 정말 조심스럽게 질문해야 한다는 것이다.

미래 질문	과거 질문
• 5년 후에는 어떤 모습일까요? • 이 제품을 구입해 사용할 때 고객님의 가족에게는 어떤 변화가 있을까요? • 계약을 마무리하면 고객님은 어떤 기분을 느끼실까요?	• 지금까지 어떻게 살아오셨어요? • 그때 그 사건이 발생한 원인은 무엇인가요? • 다른 세일즈맨과 충돌이 생긴 사건은 어떤 것인가요?

◉ 긍정 질문과 부정 질문

긍정 질문은 자신이 고객에게 영향을 주고 싶은 방향을 제시할 때 사용한다. 반대로 부정적인 질문은 진행하고 싶지 않는 방향을 나타내는 것으로 가급적 사용하지 않는 것이 바람직하다. 예를 들어 아이가 방안에서 뛰고 있을 때 우리는 보통 "뛰지 마!"하고 큰 소리로 제지한다. 소리를 지른 사람은 걷거나 멈추라는 뜻으로 말을 했지만 말을 들은 아이 입장에서는 어떻게 하라는 것인지 지시가 명확하지 않기 때문에 뛰는 행동을 계속할 가능성이 높다. 따라서 고객에게 자신이 원하는 영향을 주기 위해서는 긍정 질문을 사용하는 것이 바람직하다.

긍정 질문	부정 질문
• 어떻게 구입 자금을 마련할 수 있을까요?	• 문제가 발생할 수 있다는 생각은 안 해 보셨어요?

- 언제 구입할 목표를 갖고 계신
  가요?
- 그것에 대해 어떤 선택이 가능할
  까요?

- 뭐가 확실하지 않은가요?
- 제품의 부가적인 기능에 대해서는
  관심이 없으세요?

새로운 관점을 갖자

우리는 걸핏하면 닫힌 질문을 사용하는 경향이 있다. 이처럼 닫힌 질문을 할 때는 보통 자신의 판단이 들어가게 된다. 자신의 판단이 강하면 강할수록 상대를 받아들이기 어려운데, 스스로가 불안하다고 느끼게 되면 상대를 책망하고 싶어지면서 닫힌 질문을 사용하게 된다. 그리고 닫힌 질문을 많이 사용하는 이유 중의 하나는 열린 질문을 만드는 방법을 모르기 때문이다.

열린 질문을 사용하게 되면 스스로도 인식하지 못했던 것을 인식하게 되는 경우도 생긴다. 대화가 막혀 답답했다가도 열린 질문을 사용하면 새로운 돌파구를 만들 수 있게 된다. "우리가 지금 여기서 어떤 것을 할 수 있는지 찾아볼까요?"라는 질문 하나만으로도 많은 것을 발견할 수 있다. 또한 열린 질문을 받은 상대는 다양한 생각과 가능성을 찾으면서 즐거워한다.

다만 항상 열린 질문이 좋은 것이 아니라 닫힌 질문이 효과적일 때도 있다. 원칙적으로 닫힌 질문은 자신이 갖고 있는 범위와 관점 가운데에서 정보수집, 확인, 행동 등을 구체화할 때는 도움이 된다.

우리가 대화할 때 머릿속으로 자신이 주고받는 대화가 어떤지를 관찰하면 열린 질문과 닫힌 질문의 사용빈도를 알 수 있다. 나는 '왜 이렇게 된 것일까?', '어떻게 할까?' 라는 대화를 머릿속에서 자주 주고받고 있는가? 아니면 '지금 바로 할 수 있는 것은 무엇일까?', '정말 하고 싶은 것은 무엇일까?', '지금 원하는 것이 무엇일까?', '누구와 의논할 수 있을까?', '언제 그것을 시작할까?', '과거에 그것을 어떻게 해결했을까?' 라는 질문을 스스로에게 하고 있는가?

만약 내 머릿속에서 닫힌 질문이 반복되고 있다면 열린 질문으로 바꿀 필요가 있다. 열린 질문을 통해 스스로의 가능성을 넓힐 수 있기 때문이다. 예를 들어 '나는 어떨 때 가장 즐거울까?', '어떤 사람이 지금 나의 모델이 될까?', '업무로부터 금전적 보상 이외에 얻고 싶은 것은 무엇일까?' 와 같은 질문이다.

머릿속에서의 열린 질문은 내 마음을 가볍게 한다. 동시에 주변 사람들에 대한 열린 질문은 그 사람들의 매력을 이끌어낸다. 열린 질문은 선택지를 넓혀 행동을 쉽게 하기 위해 사용된다. 그래서 결과로부터 배울 기회를 높일 수 있다. 그것이 다음 행동의 밑바탕이 되는 것이다.

1. 미리 생각하기

미리 이야기할 상대, 장소, 시간, 그리고 대화의 주제를 알 수 있는 경우, 어떤 대화를 주고받을까를 생각해 계획을 세워둔다면 보다 효과적인 대화가 가능하다.

2. 열린 질문 사용하기

문제를 적절하게 파악하고 상대가 갖고 있는 폭넓은 정보에 접근하기 위해서 열린 질문을 사용한다.

3. 답을 유도하는 질문 피하기

열린 질문이든지 닫힌 질문이든지 내 내면에 처음부터 준비된 하나의 정답을 도출하기 위한 질문은 피해야 한다. 이런 질문은 상대로부터 새로운 정보를 이끌어내고 문제를 해결하는 것을 방해하기 때문이고 동시에 상대방에게 불신감을 안겨준다. 같은 이유로 함축성이 있는 것과 같은 질문도 피해야 한다.

4. 논리적인 선택을 강요하는 질문 피하기

예를 들어 보험 가입을 권유하면서 "생활비를 줄이고 보험에 가입하던가, 아니면 생활비는 그대로 두고 질병 등에 무방비 상태가 되는것 중 어떤 것을 선택하시겠어요?"와 같이 묻는 것은 단순한 강요이지 상대에게 선택권을 주는 질문이 아니다. 서로에게 바람직한 해법은 언제나 우리가 찾고 있는 범위 밖에서 발견될 가능성이 높기 때문에 고객의 시야를 좁히는 이런 질문은 상황을 타파하는데 전혀 도움이 되지 않는다.

5. 정확하게 표현하기

예를 들어 "이 계약은 어느 정도 중요합니까?"라고 묻는 것보다는 "이 계약은 어떤 관점에서, 어느 정도 중요한 것입니까?"라고 묻는 것이 사례에 대한 깊은 통찰과 발전을 얻을 수 있는 것이다.

6. 상대의 생각을 자극하는 질문 해보기

대부분 사람들이 '당연한 것'이라고 생각하는 사실을 일부러 다른 관점에서 제안하는 등, 상대방의 발상을 자극하는 것도 효과적이다. 열심히 제품 구입을 권유하는데도 이런 저런 핑계를 대는 고객에 대해 "앞으로도 지금처럼 사시는 것은 어떠세요?"라고 고객이 예상하지 못한 질문을 하게 되면 고객의 저항이 상당히 적어지는 것을 경험할 수 있다.

7. 단순하고 핵심을 찌르는 질문하기

관심을 지나치게 두거나 스스로 자신감이 없을 경우 불필요한 말을 덧붙여 무엇을 묻고 있는지를 모르게 되는 일이 있다. 또 묻고 싶은 것이 애매한 경우는 지나치게 막연하여 상대가 어떻게 대답을 해야 좋을지 모를 질문을 하는 경향이 있다. 이럴 경우 질문을 듣는 상대방이 '도대체 하고 싶은 말이 무엇일까?'라는 의문을 해소하기 위해 자신의 내면을 탐색하는 대신 질문하는 사람의 의도를 파악하기 위해 불필요한 시간을 낭비할 가능성이 있다. 이것은 신뢰관계도 끊어질 위험이 있기 때문에 가급적 질문은 간단하고 명확하게 해야 한다.

8. 이미지 활용하기

한 잔이 그림은 천 마디 말보다 효과적일 수 있다. 자동차를 구입하려는 사람에게 "이 자동차를 몰고 고속도로를 달릴 때 고객님의 모습은 어떠신가요?"라고 물으면 고객은 자신의 모습을 상상해 이미지로 그려보며 마치 현실인양 기분 좋은 느낌을 갖게 될 것이다. 시각화하는 것은 창의적인 발상을 자극하는 것뿐만 아니라 기억에도 도움이 된다.

9. 질문은 한 번에 하나씩 하기

효과적인 질문의 핵심이다. 한 번에 하나씩 질문을 하면 상대도 명확한 답변을 할 수 있지만 여러 가지 답변을 해야 하는 복합적인 질문을 던진다면 질문을 들은 사람이 하고 싶은 대답만 하는 경우가 있다. 이 경우 질문을 한 사람은 자신이 원하는 답변 중 일부만 듣게 된다.

코칭 질문의 4가지 목적

- 선택의 폭을 넓히기 위해
- 리소스를 발견하기 위해
- 눈에 보이게 하기 위해
- 정보를 제공하기 위해

◉ 선택의 폭을 넓힌다

주로 'Yes'와 'No'로 대답하게 되는 것을 닫힌 질문이라고 한다는 것은 이미 설명했다. 사실 닫힌 질문은 선택이 아니고 강요라고 해도 과언이 아니다. 선택이라는 것은 3가지 이상의 선택지가 준비되어야 비로소 성립한다. 코치는 반드시 3가지 이상의 선택지를 찾아내어 자발적인 선택이 가능한 상태로 만들어야 한다.

설사 고객이 같은 아이디어와 실행방법을 선택한다고 하더라도 그것은 많은 선택지로부터 자신이 선택했다는 것을 상대에게 확실하게 알려줄 필요가 있다. 코치는 고객이 목표 설정, 지식과 스킬의 향상과 자신의 모델 등을 찾을 때 고객 스스로 선택하고 실행할 수 있도록 만들 수 있다.

◉ 리소스를 발견할 수 있다

고객이 어떤 목표를 달성하기 위해 사용하는 자원과 아이디어는 고객의 내면에 있는 것이다. 이렇게 고객의 내면에 있는 자원을 '리소스'라고 부른다. 고객이 필요한 리소스를 자신의 내부로부터 발견하여 목표를 달성하기 위해서는 다음과 같은 질문이 효과적이다.

"가장 최근에 목표를 달성한 것은 언제입니까?"
"목표를 달성하기 위해서 어떤 준비를 했습니까?"
"이것을 실현하기 위해 가장 중요한 것은 무엇이라고 생각합니까?"

어떤 일을 성취하기 위해서 무엇을 해야 하고, 어떤 것을 이루어야 하는지는 본인이 가장 잘 안다. 그것을 인식하지 못하거나, 깨닫지 못하고 있기 때문에 자신의 리소스를 사용할 수 없는 경우가 많다. 외부로부터 무리하게 새로운 것을 찾는 것이 아니라 고객이 지금까지 쌓아 올린 경험과 지식을 사용할 수 있게 하는 질문을 만들어 내는 것이 코치의 일이다.

또 리소스는 성공체험에만 있는 것이 아니다. 실패한 경험에서도 찾아 활용할 수 있다. 예를 들어,

"실패와 좌절을 어떻게 극복하였습니까?"
"이번 실패에서 얻은 교훈은 무엇인가요?"
"다음에 비슷한 경우를 만난다면 어떻게 대응하시겠습니까?"

◉ 눈으로 생생하게 볼 수 있게 만든다
고객에게 가장 두려운 것은 어떤 사건이 발생했을 때 사건의

실체가 파악되지 않을 때이다. 이럴 때 코치는 질문을 통해 문제를 구체적이고 확실하게 만들고, 범위 등을 고객이 파악할 수 있도록 만들 수 있다. "이 사건으로 인해 영향을 받는 범위는 어디까지인가요?"라는 질문을 들은 고객은 스스로 사건으로 인한 영향의 범위를 탐색할 것이다.

또한 시각화하는 것은 창조적인 발상을 자극하기 위한 것만이 아니고 기억력과 실행력을 강화한다. 예를 들어, '내일부터 6시에 일어난다.'는 목표를 세웠다고 하자. 비록 목표를 세웠지만 이것으로는 정보가 지나치게 부족하다. 사람이 움직이려면 먼저 '정보량'이 필요하다. 그것을 위해서는 문자로 된 정보가 아닌 보다 정보량이 많은 화상정보를 사용하는 것이 효과적이다. 다음 날 아침을 준비해 놓고, 입을 양복을 옷걸이에 걸어 두고, 구두도 미리 닦아 두고…… . 이것들은 전부 시각화된 정보이고, 구체적인 행동을 나타낸다.

사람은 같은 것을 보더라도 보는 방식이 다르다. 왜냐하면 각자 자신이 초점을 맞추고 있는 부분을 보기 때문이다. 예를 들어, '클레임=괴로운 일'이라고 파악하고 있다면 싫은 부분이 많이 보일 것이다. 그러나 '이 클레임으로부터 뭔가를 배울 것인가?'라고 스스로에게 물어본다면 같은 클레임이라도 긍정적인 면을 보는 것이 가능해진다.

⊙ 정보를 제공한다

코치가 고객에게 질문을 하면 고객은 아직까지 생각하지 못한 새로운 사실을 알 수 있게 된다. 예를 들어 "어떤 기준으로 상품을 선정했습니까?"라는 질문을 했다고 가정하자. 이 질문을 받은 사람은 자신이 만든 상품 선정 기준을 다시 한 번 검토하게 된다. 그런 상태에서 "이것 말고 다른 고려사항은 어떤가요?"와 같은 질문을 하면 자신이 기존에 가지고 있던 정보 말고 또 다른 정보를 찾으려고 시도하게 된다.

3. 셀프 코칭

자문자답이 하루를 좌우한다

질문이 우리의 생각과 대화의 방향을 결정한다고 이미 설명했다. 이것은 상대방뿐만 아니라 자기 자신에 대해서도 어떤 질문을 하느냐에 따라 자신의 행동에 영향을 준다고 말할 수 있다.

사람은 아침에 일어나 잠들 때까지 무의식적으로 수백 번도 넘는 자문자답을 한다. 극단적이지만 아침에 가장 먼저 머릿속에 '오늘도 내가 싫어하는 일이 일어날까?' 라는 질문이 떠올랐다고 하자. 그럼 어떻게 이 질문에 대한 대답을 할 것인가? 질문을 하게 되면 생각의 방향을 결정할 수 있기 때문에 이에 대한 대답은 당연히 힘들고 괴로운 이미지를 만들어 내게 된다. 결과적으로 이 이미지는 '내 몸 상태가 좋지 않다.' 는 결과를 만들어 낼 것이다. 이런 프로세스는 보통 우리가 인식하지 못하는 사이에 만들어지는 것이다.

그러므로 우리는 의도적으로 긍정적인 질문을 자기 자신에게 던져야 한다. 자문자답의 질이 하루의 상태에 영향을 준다고 했는데 가장 먼저 해야 할 일은 스스로가 '어떤 질문을 하고 있는가?'에 대해 의식하는 것이다. 왜냐하면 스스로가 의식하지 못하면 질문을 수정하는 것은 불가능하기 때문이다.

"우리는 무의식 중에 어떤 질문을 자신에게 하고 있을까?" 이것은 우리가 일반적으로 의식하지 않기 때문에 대부분의 사람은 의식하지 못한다. 그러나 의도적으로 이 질문에 초점을 맞추면 스스로 알 수 있게 된다.

스톱워치로 10분마다 알람을 울리게 해 놓고, 알람이 울리면 그 순간 어떤 질문과 대답이 머릿속에 떠올랐는가를 생각해 본다. 온전히 하루 동안 시도해 본다면 자신의 사고 패턴도 알 수 있다. 이 작업은 상당한 끈기가 요구되기 때문에 30분마다 해도 괜찮다. 다만 하루 가운데 어떤 시간대에 어떤 것을 생각하는 경향이 있는가를 알 수 있기 때문에 며칠이 걸리더라도 일어날 때부터 잠잘 때까지의 전체 시간을 망라하는 것이 좋다.

질문이 성공의 습관을 만든다

아침에 일어날 때 "오늘은 어떤 대단한 만남이 있을까?", "오늘은 어떤 굉장한 일이 있을까?"라는 질문을 스스로에게 던져보자. 그렇게 하면 틀림없이 다양한 이미지가 떠오르면서 아침부터 기분 좋은 느낌을 받을 것이다. 이러한 질문의 답이 금방 떠오르지 않더라도 뇌는 해답을 계속해서 찾기 때문에 '대단한 만남'과

'굉장한 일'을 쉽게 경험하도록 해준다. 우리의 뇌는 아무리 많은 정보를 오감을 통해 받아들이더라도 관심을 두는 것에만 주의를 기울이기 때문에 우리들은 보고 싶은 것 외에는 볼 수 없다. 그렇다면 풍요로움을 가져오는 것에 초점을 맞추는 것이 중요하다고 생각하지 않는가? 긍정적인 질문에 의해, 긍정적인 면을 보는 것이 가능하다.

아침에 하는 질문 리스트

- 지금 내 인생에서, 행복한 것은 무엇인가?
- 지금 내 인생에서 자랑스러운 것은 무엇인가?
- 지금 감사하고 싶은 것은 무엇인가?
- 지금 가장 즐거운 것은 무엇인가?
- 지금 가장 소중한 것은 무엇인가?
- 나는 지금 누구를 사랑하고 있는가?
- 지금 내가 가장 사랑하는 사람(고객)은 누구인가?
- 나를 사랑하는 사람(고객)은 누구인가?

저녁에 하는 질문 리스트

- 오늘 하루 어떤 고객(누구)에게 도움이 되었는가?
- 오늘 하루 무엇을 배웠는가?
- 오늘 하루 무엇을 통해 인생의 질을 높였는가?
- 미래에 대한 투자로, 오늘 하루를 어떻게 사용했는가?

※ 아침 질문을 다시 한 번 사용해도 좋다.

제3부

세일즈 코칭 실전편 ❶

세일즈맨으로 성공하기 위한 조건

세일즈는 단순히 내가 판매하는 상품을 소개하는데 그치는 것이 아니라
고객의 욕구를 파악하고, 충족시키는 과정에서
세일즈맨 스스로 보람과 충만감을 느낄 때 비로소 완성된다.
자기 자신에 대한 믿음, 직업에 대한 자부심, 상품에 대한 믿음 등을 통해
세일즈맨으로서의 자부심을 높이는 것이 관건이다.

EASY
SALES

얼마 전 보험 영업을 시작한 후배를 오랜만에 만나 대화를 나눈 적이 있다. 보험 영업을 하면서 가장 힘든 게 뭐냐는 질문에 후배는 "고객을 만나기 위해 방문하거나 전화하는 거죠. 고객에게 전화를 걸려고 수화기를 들면 마음속에서 고객이 방문 요청을 거절하면 어쩌지?, 차라리 전화를 받지 않았으면 좋겠다는 생각이 끊임없이 나를 괴롭혀요."라고 대답했다.

필자가 다시 후배에게 "너는 누구를 위해 보험 영업을 하지?, 보험 영업을 하는 것이 너에게 주는 의미는 무엇일까?, 넌 그 일을 하는데 어느 정도의 능력이 있다고 생각해?, 너에게 있어 가장 중요한 가치가 뭐야?, 너는 지금 하는 일에 대해 어느 정도의 자부심을 갖고 있어?" 등을 질문했다. 이 질문들에 대해 그 후배는 무척 당혹스러워하며 제대로 대답하지 못했다.

우리는 매일 어떤 형태로든 세일즈맨을 만나고 있다. 이렇게 많은 세일즈맨들 중에서 몇 명이나 세일즈맨으로서 성공했을까? 아마 대부분의 세일즈맨들은 '세일즈맨' 이라는 직업에 관심을 갖고 실제로 세일즈맨이 되기까지 많은 고민을 거쳤을 것이다. 이렇게 힘든 내적 고민을 거쳐 세일즈맨이 되었는데, 왜 성공한 사람이 많지 않을까? 그리고 왜 자부심이 넘치는 세일즈맨은 많지 않을까? 아마도 세일즈에 대한 철학이 없기 때문일 것이다. 그렇다면 세일즈맨으로 성공하려면 어떻게 해야 할까? 세일즈맨으로 성공하기 위해서는 다섯 가지의 조건을 충족시켜야 한다.

1. 누구를 위한 세일즈인가?

"넌 누구를 위해 세일즈를 하니?"라는 필자의 질문에 후배는 무슨 그런 황당한 질문을 하냐는 표정이었다.

"그야 당연히 저를 위해 하는 것이죠. 젊었을 때 열심히 돈을 모아 40대 후반부터는 편안하게 생활하려고……."

이 대답을 들으면서 조금 가슴이 답답해져 후배에게 다시 물었다.

"그래? 그럼 세일즈는 뭐라고 정의할 수 있을까?"

후배는 "글쎄요……. 세일즈는 내가 가지고 있는 물건을 고객에게 팔고 그 대가로 제가 수입을 얻는 것이 아닐까요?"라고 대답했다.

세일즈맨 자신을 포함한 많은 사람이 세일즈라는 직업에 대해 부정적인 시선을 갖고 있기 때문에 직업에 대한 자부심이 크지 않고, 고객은 고객대로 세일즈맨에게 호의적이지 않다보니 많은 세일즈맨이 좌절을 경험하게 된다. 세일즈맨에게 부정적인 이미지를 갖는 주된 이유는 고객보다는 세일즈맨 자신을 위해 세일즈를 하고 있다고 생각하기 때문이다.

필자는 세일즈는 '고객의 욕구 충족과 가치를 창출하는 것'이고 이런 과정을 통해 나에게 금전적 이익이 생기는 것이라고 생각한다. 따라서 세일즈맨은 고객에게 무엇을 팔 것인지를 생각하기 전에 고객을 위해 무엇을 할 수 있는지를 먼저 고민해야 한다. 세일즈 행위가 고객을 위한 것인지, 세일즈맨을 위한 것인지를 확실히 하여 세일즈맨과 고객이 서로 이득이 될 때 자부심을 느끼며 세일즈 활동에 전념할 수 있다.

세일즈는 단순히 내가 판매하는 상품을 소개하는데 그치는 것이 아니라 고객의 욕구를 파악하고, 고객의 욕구를 충족시키는 과정에서 세일즈맨 스스로 보람과 충만감을 느낄 때 비로소 완성된다.

<table><tr><td>HOW TO</td><td>고객을 이해해야 성공한다</td></tr></table>

세일즈는 감성이다

단골이라 일컬어지는 사람들의 공통점은 무엇일까? 신뢰할 수 있고 즐겁고 편안함을 느낄 수 있을 것이다. 내가 기분 좋은 상태에서 구입한 물건은 오랫동안 아끼면서 사용하겠지만 그렇지 못한 경우에는 그 물건을 구석에 처박아 두거나 사용하면서도 두고 두고 기분이 나빴던 기억에 마음이 불편할 것이다. 왜냐하면 상품을 구매할 때는 상품과 그 상품을 판매한 사람의 이미지가 함께 하기 때문이다.

우리의 감정은 이미지와 연결되어 있다. 과거 어떤 기억을 떠올리면 머릿속에서 그 기억에 해당하는 이미지와 함께 감정도 느낄 수 있다. 기쁘면 기쁜 기분을, 슬프면 슬픈 기분을 느낄 수 있는 이유가 이미지와 감정이 항상 함께 하기 때문이다.

예를 들어보자. 고객은 평소 자신이 호감을 갖고 있는 세일즈맨에 대해서는 주변 사람들에게 우호적인 소문을 낼 것이다. 지인들로부터 좋은 사람이라는 소문을 들어온 고객은 세일즈맨을 만날 때 호감을 나타낸다. 왜냐하면 자신의 머리에 기억되어 있는 감정이 호의적이기 때문이다. 상대로부터 좋은 감정을 느낀 세일즈맨도 당연히 호감을 나타내게 된다. 이 결과 두 사람은 단시간에 서로에게 좋은 감정을 느끼면서 신뢰관계를 형성하게 된다.

반면, 평소에 좋지 않은 이미지를 가지고 있던 사람에 대해서는 주변 사람들에게 부정적인 내용을 홍보를 하게 되고, 이런 소문을 들은 사람들은 문제의 그 세일즈맨에 대해 이미 부정적인 이미지를 머릿속에 그리게 된다. 이런 상태에서 그 세일즈맨을 직접 만나게 되면 방어적인 태도를 취하게 되고, 그것을 느낀 세일즈맨 또한 잘해야 한다는 부담감과 걱정 때문에 소극적이 되거나 때로는 고객을 제어해야 한다는 성급함으로 지나치게 저돌적이 될 수도 있다. 이는 고객에게 부정적인 이미지로 비춰져 서로의 관계는 멀어지는 것이다.

이처럼 기분이라고 하는 감정이 구매에 많은 영향을 준다. 세일즈맨으로서 고객이 좋은 감정을 느끼도록 만들 수만 있다면 세일즈 성과는 보장된 것이나 다름없다. 이처럼 감정은 우리를 구매라는 구체적인 행동을 하게 만드는데, 이 감정이 일어나도록 하는 것이 욕구이다. 일반적으로 사람의 행동에 영향을 주는 요인은 다음과 같다.

욕구 → 감정 → 구매(행동)

고객의 욕구를 이해하라

지금 내가 하고 있는 행동 하나 하나에는 어떤 분명한 목적이 있다. 예를 들어 같은 책을 읽는 사람이 여러 명 있다고 하자. 이 책을 읽는 사람들 중에는 책을 통해 업무적인 지식을 더 많이 얻으려고 하는 사람이 있는가 하면 친한 친구가 그 책을 추천했기 때문에 서로 공유할 수 있는 대화거리를 찾고자 읽는 사람도 있을 것이다. 책을 읽는다는 행동은 같지만 목적은 다른 것이다. 이처럼 우리가 하는 행동의 목적을 욕구라고 한다.

'등 따시고 배부르다.'는 속담이 있다. 이런 상태를 욕구가 충족된 상태라고 할 수 있다. 내가 원하는 욕구가 충족되었을 때는 즐겁고, 행복하고, 편안하고, 흐뭇하고 만족스러움을 느끼지만, 욕구가 충족되지 못하면 불안하고, 우울하고, 허전하고, 슬프고, 괴로운 감정을 느끼게 된다.

세일즈맨이 고객을 위해 열심히 자료를 준비하고, 상당한 공을 들였는데도 고객으로부터 인정을 받지 못했을 때는 서운하고, 허무한 감정을 느낀다. 반면 고객으로부터 인정을 받았을 때는 기쁘고, 만족스럽고, 충만한 감정을 느낀다.

고객으로부터 인정받지 못하는 일이 반복되면 세일즈맨이 고객을 만나는 일이 즐겁지 않게 된다. 세일즈맨은 자신의 욕구를 충족하지 못하기 때문에 힘들고 괴로운 감정이 만들어진다. 이런 감정은 고객에게 그대로 전달되고, 불편한 감정을 느낀 고객 또한 세일즈맨을 만나는 것이 전혀 즐겁지 않게 된다.

욕구를 알려면 질문하라

이처럼 서로의 욕구를 이해하고, 충족시키는 것은 상당히 중요하다. 지금부터는 욕구의 기능과 종류에 대해 알아보기로 한다.

매슬로의 욕구 단계설에 따르면 인간의 욕구는 타고난 것이며, 욕구를 강도와 중요성에 따라 5단계로 분류할 수 있다. 각 욕구는 히위단계에서 싱위단셰로 계충석으로 배열되어 하위단계의 욕구가 충족되어야 그 다음 단계의 욕구가 발생한다. 또한 욕구는 행동을 일으키는 동기요인이며, 인간의 욕구는 낮은 단계에서부터 그 충족도에 따라 높은 단계로 성장해 간다는 것이다. 1단계 욕구는 주로 먹고, 자는 등 기본적인 생존과 관련된 최하위 단계의 욕구이다. 2단계 욕구는 안전에 대한 욕구로 추위·질병·위험 등으로부터 자신을 보호하는 욕구이다. 3단계 욕구는 애정과 소속에 대한 욕구로 어떤 조직에 소속되어 애정을 주고받고자 하는 욕구이다. 4단계 욕구는 자기존중의 욕구로 소속단체의 구성원으로 명예나 권력을 누리려는 욕구이다. 5단계 욕구는 자아실현의 욕구로 자신의 재능과 잠재력을 발휘해 자기가 원하는 모든 것을 성취하려는 최고수준의 욕구이다.

매슬로의 이론에 따르면 하위 욕구와 상위 욕구를 충족시키는 행동이 충돌할 때 사람들은 하위 욕구를 충족하는 것을 먼저 선택한다. 이것은 세일즈와 밀접한 관계가 있다. 고객이 구매를 하는 행동은 하위 욕구와 상위 욕구가 충돌하는 대표적인 사례다. 명품 핸드백을 예로 들면, 핸드백을 소유하게 되면 모임에서 상대적으로 우월감을 느낄 수도 있고 명품을 좋아하는 동료들과도 어울릴 수 있는 반면, 고가의 핸드백으로 인해 생활비가 부족하게 되는 것이 두려워 구매 결정을 하는 것이 쉽지 않다. 따라서 세일즈맨이 구매를 촉진시키기 위해서는 지속적으로 상위 욕구가 충족되었을 때의 만족감 등을 강조해야 한다.

또 뇌의 기능과 인간의 욕구를 연관시켜 선택이론을 전개한 윌리엄 글라써 박사에 따르면 인간은 누구나 태어날 때부터 유전적으로 갖고 있는 생존, 사랑과 소속, 힘과 성취, 자유, 즐거움의 다섯 가지 기본 욕구가 있는데 다섯 가지의 기본 욕구 중 하나 혹은 그 이상의 욕구를 충족시키기 위해 행동하면서 삶을 영위한다는 것이다. 사람은 누구나 순간순간 최선이라고 판단되는 창의적인 방법을 찾아 자신의 욕구를 충족시켜 나간다. 이런 다섯 가지 기본 욕구는 유전적인 속성이기 때문에 모든 사람이 공통적으로 갖고 태어나지만 욕구를 충족하는 방법은 사람마다 경험에 의한 차이가 있으며, 욕구의 강도 또한 사람마다 다르다. 따라서 사람마다 어떤 욕구를 어떤 방법으로 충족할 것인가에 대한 우선순위, 욕구충족의 정도와 방법이 서로 달라 갈등을 겪기도 한다.

직장에서 회식할 때의 경우를 살펴보자. 회식의 목적은 부서원들의 단합과 소속감을 높이고 즐거움의 욕구를 충족시키는 것이다. 그러나 메뉴 선정과정에서 상사는 삼겹살을, 부하는 일식과 같은 깔끔한 메뉴를 선호하면서 상사와 부하가 서로 자신의 메뉴만을 고집하게 되면 갈등이 생기게 된다. 즉, 상사와 부하의 욕구 충족 방법이 다르기 때문에 발생할 수 있는 갈등이다.

또 다른 사람들로부터 욕구 충족을 방해받기도 한다. 고객으로부터 갑작스런 호출을 받은 세일즈맨의 경우를 보자. 고객의 호출로 인해 자신의 시간 사용 계획을 방해 받게 되면 자유의 욕구나 즐거움의 욕구를 충족하지 못하게 되므로 즐겁지 않고 짜증나게 된다.

이처럼 어느 한 욕구가 다른 욕구의 충족을 방해하기도 하고 한 사람의 욕구 충족이 다른 사람의 욕구 충족을 방해하기도 하여 좋은 인간관계를 만드는 것이 어렵게 되기도 한다.

이들 기본 욕구의 특성은 다음과 같다.

- 누구나 선천적으로 타고난다
- 문화나 성별, 인종, 지역에 따라 차이가 없이 보편적이다
- 일반적이다
- 갈등을 동반한다

매슬로와 글라써의 욕구 이론에는 차이가 있다. 매슬로는 수직

적으로, 글라써는 수평적인 개념으로 욕구를 분류했는데, 일반적으로 욕구를 탐색하는 방법에서 글라써 박사의 방법이 수월하다. 이런 이유로 글라써 박사의 이론을 중심으로 욕구를 좀 더 상세하게 설명하고 이런 욕구들을 탐색할 수 있는 질문들을 소개하겠다.

⊙ 생존의 욕구

생존은 인간의 가장 기본적인 욕구이다. 목마르면 물을 찾고, 배고프면 먹을 것을 찾고, 춥거나 더울 때의 반응에서 확인할 수 있는 이 욕구는 종족 보존을 위한 성적 욕구도 포함된다. 생존 욕구가 강한 사람들은 보수적이고 위험을 회피하려고 하며 소비보다는 저축에 더 많은 비중을 두게 된다. 또한 안전에 관심이 많고 자신과 비슷한 성향의 사람들과 교류하는 경향이 있으며 새로운 아이디어나 업무 처리 방식보다는 본인에게 익숙한 기존의 방식을 선호하는 등 안정에 큰 가치를 두고 있다.

이 욕구가 강한 사람은 자동차를 구매할 때 안전한 차, 튼튼한 차, 연비가 높은 경제적인 차를 선호한다.

➡ 생존의 욕구를 탐색할 수 있는 질문

- 돈이나 물건을 절약하는가?
- 자신의 건강 유지에 관심을 가지고 있는가?
- 매사에 보수적인 편인가?
- 저축하거나 투자하는 목적이 안정적인 미래인가?
- 가급적 모험을 피하는 편인가?

⊙ 사랑과 소속의 욕구

인간은 태어나면서부터 다른 사람들과 관계를 맺는다. 다른 사람들과 사랑을 주고받으며 서로 협력하고자 노력한다. 고독감을 싫어하고 다른 사람들과 관계를 맺으면서 누군가가 자신에게 호감을 갖도록 기대하는 것은 사랑과 소속의 욕구가 있기 때문이다. 협동하고 서로 도와주려는 인간의 속성까지도 이 욕구에 속한다. 이 욕구는 생존의 욕구와 같이 절박한 상황은 아니지만 사람이 살아가는데 원동력이 되는 기본 욕구이며 인간을 움직이는 힘이 된다.

자동차를 구매하고 자동차 동호회에 가입하는 사람은 이 욕구가 강한 사람이다. 또, 사람들이 많이 탈 수 있도록 의자가 많은 차를 선호하는 사람 역시 이 욕구가 강하다.

➡ **사랑과 소속의 욕구 탐색을 위한 질문**

- 장거리 여행을 할 때 옆자리 사람에게 말을 거는가?
- 사람들과 함께 있는 것을 좋아하는가?
- 아는 사람과 가깝고 친밀하게 지내는가?
- 다른 사람이 나에게 관심을 가져주기를 원하는가?
- 타인을 위한 일에 시간을 내는가?

⊙ 힘의 욕구

인간에게만 있는 아주 특별한 욕구는 힘의 욕구이다. 동물들은 위협을 받거나 먹이를 구할 때 더 공격적이 되지만 이것은 생존 차원일 뿐 자신의 힘을 과시하기 위한 것은 아니다. 반면 인간은 자신의 힘을 과시하기 위해 힘을 사용하고 그 힘 자체를 위해 싸운다. 여기서 '힘'의 의미는 다른 사람들보다 경쟁에서 앞서고, 무엇인가를 성취하고 스스로 중요한 존재임을 인식하고 싶어 하는 속성을 말한다. 많은 사람은 자신이 원하는 것을 충분히 가졌다고 인정하면서도 더 많은 즐거움을 원하고 다른 사람들과의 경쟁에서 승리하기를 원한다. 뿐만 아니라 다른 사람들에게 영향력을 미쳐 자신의 말에 따르는 것을 기대한다.

일반적으로 사람들은 다른 사람들로부터 존중 받으면 힘의 욕구가 충족된다고 믿고 있다. 이때 '존중'의 의미는 누군가가 자기에게 관심을 기울여 준다는 것이다. 직장에서 많은 사람이 함께 일할 때 나타날 수 있는 가장 큰 장애는 사랑의 결핍이 아니라 힘의 욕구를 충족시키기 위해 상대방에게 자신의 방법을 강요하기 때문에 많은 갈등이 생긴다. 이럴 경우 부하 직원들은 상사보다 상대적으로 힘의 욕구를 충족시키기 어렵다.

이런 사람들은 차를 구입할 때 남보다 더 크고 더 빨리 달리는 차를 사는 사람이다. 특히 다른 사람의 시선을 의식해 자신의 경제적인 능력을 고려하지 않고 차를 구입하는 경향이 있다.

➡ 힘의 욕구를 탐색할 수 있는 질문

- 내가 하는 일에 대해 다른 사람들로부터 인정을 받고 싶은가?
- 다른 사람에게 지시를 하는 편인가?
- 경제적으로 남보다 잘 살고 싶은가?
- 주변 사람들로부터 칭찬을 받고 싶은가?

◉ 즐거움의 욕구

속담에 '하던 짓도 멍석 펴 놓으면 안 한다.'는 말이 있다. 멍석을 펴기 전에는 놀이로 느껴 즐겁지만 멍석을 펴게 되면 더 이상 놀이가 아니기 때문에 즐겁지가 않다. 사람들은 다른 동물들과는 달리 즐거움을 추구한다. 그리스의 철학자 아리스토텔레스는 인간과 동물의 차이를 '웃을 수 있는 능력'이라고 했다.

사람들은 생명의 위협까지도 무릅쓰고 즐거움의 욕구를 충족하려고 한다. 예를 들어 암벽을 타거나 스쿠버 다이빙을 하기도 하는데 오로지 즐거움의 욕구를 충족시키려는 것이다. 필자도 즐거움의 욕구가 강해 한 때 스쿠버 다이빙을 즐기느라 가족에게 소홀히 한 적도 있다. 만약 우리 생활에서 즐거움이 없다면 어떻게 될 것인가는 상상하기도 싫은 일이다. 그만큼 즐거움이란 우리의 일상에서 없어서는 안 될 아주 중요한 요소이다. 직장에서 일하는 것이 마음에 들지 않고 아무런 즐거움조차 주지 못한다면 생산성이 낮아지는 것이 자명한 일이다.

이 욕구가 강한 사람은 차를 구입할 때 자동차의 크기나 모양보다는 그 차를 통해 얼마나 즐거운 드라이브를 할 수 있느냐가 중요하다. 이런 사람은 내부 인테리어나 오디오, 비디오 등에 관심을 많이 갖고 있다.

➡ **즐거움의 욕구를 탐색할 수 있는 질문**

– 다른 사람들로부터 지시 받는 것이 싫은가?

– 누가 뭐라고 해도 내 방식으로 살고 싶은가?

– 인간은 모두 자유롭다고 믿는가?

– 나는 열린 마음을 가지고 있다고 생각하는가?

– 인간의 자유로운 선택 방식을 믿는가?

⊙ 자유의 욕구

사람이 범죄를 저지르면 그에 상응하는 처벌을 받기 위해 교도소에서 일정기간을 보내게 한다. 다시 말하면 자유를 박탈하는 것이다. 이처럼 자유에 대한 의지는 굉장히 강해 강요받는 것을 좋아하는 사람은 아무도 없다. 모든 사람이 스스로 선택하고 결정하고 표현하고 싶어한다. 이것을 위해 본인의 목숨까지도 희생할 만큼 중요하게 생각하는 것이다. 사실 자유를 박탈 당한다면 살아있다고 말하기 어렵다. 여기에서 자유라고 하는 것은 육체적인 자유뿐만 아니라 정신적인 자유까지도 포함된다.

자유의 욕구가 강한 사람은 오픈카 등을 선호하는데, 자동차를 운전하는 동안에도 자신이 구속되지 않고 마음껏 자유를 누릴 수 있기를 원한다.

➜ 자유의 욕구를 탐색할 수 있는 질문

– 큰 소리로 웃기 좋아하는가?

– 유머를 사용하거나 듣는 것이 즐거운가?

– 나 자신에 대해서도 웃을 때가 있는가?

우리의 모든 행동은 어떤 욕구를 갖고 있느냐에 따라 달라진다. 사람은 생존, 사랑과 소속, 힘, 즐거움, 자유의 다섯 가지 기본 욕구를 충족시키기 위해 행동한다. 욕구의 강도는 사람마다 다르고 그것을 충족하는 방법도 개인마다 다르다. 또한 시간이 지남에 따라 개인의 욕구 강도는 변화한다.

감정이 상황을 바꾼다

어린 아이들이 노는 모습을 보자. 즐거울 경우 배고픔도 잊고, 날씨의 영향에 상관없이 재미있게 뛰어 논다. 성인도 마찬가지이다. 내가 즐거움과 자유를 느낄 때의 업무 성과는 그렇지 못할 경우보다 훨씬 높다. 이처럼 즐거움이라는 감정은 우리가 활동할 수 있는 에너지를 제공한다. 반면 괴로운 일이 생겼을 때를 상상해 보라. 심한 경우에는 움직일 힘조차 없었던 것을 경험해봤을 것이다.

감정은 우리에게 많은 영향을 미친다. 또한 감정은 우리의 기억과 관련이 깊다. 개인적으로 필자는 아주 어렸을 때 개에게 물린 경험이 있다. 그 이후 나는 아무리 작은 개라도 개만 보면 두려움으로 인해 멀리 피하게 되었다. 이처럼 우리의 기억은 감정과 연결되어 있어 우리가 어떤 사건을 떠올리게 되면 그 사건과 연결된 감정이 떠오르게 된다.

그럼 이런 감정의 역할은 무엇일까?

감정이 곧 정보다

자동차를 운전하는 사람은 항상 계기판을 주의 깊게 본다. 기름은 충분한지, 엔진의 회전 상태는 어떤지, 속도는 얼마인지 등. 만약 이 계기판을 보는 것을 소홀히 하거나 무시하게 되면 큰 사고를 만날 수도 있다. 엔진이 과열되었거나 기름이 부족하다는 경고를 무시하면 갑자기 자동차가 설 수 있기 때문이다.

감정도 자동차의 계기판처럼 나에게 많은 정보를 제공해주고 있다. 감정이 전해주는 정보를 무시하면 정신적, 육체적 어려움이 따를 수 있는데 감정이 제공하는 정보는 다음과 같다.

◉ 외부 환경에 대한 정보이다

추운 겨울, 자신도 모르게 몸이 움츠러드는데 이것은 기온이 낮으니 생존을 위해서 체온을 유지하라는 신호이다. 더운 날 몸에서 땀이 나는 것도 외부 온도가 높으니 체온을 떨어뜨리라는 정보를 우리에게 주는 것이다. 이처럼 감정은 우리를 둘러싸고 있는 환경에 대한 정보를 제공하는데, 이것을 무시하면 우리의 생명에 영향을 미칠 수도 있다.

◉ 상대방에 대한 정보를 제공한다

상대의 얼굴이 붉어지고 목소리가 커지면 그 사람이 화났다는 것을 알 수 있는 것처럼 감정은 우리에게 상대의 기분에 대한 정보를 알려준다. 고객과 대화하는 과정에서 고객의 감정을 읽을 수 있다면 세일즈에 많은 도움을 받을 수 있다. 고객이 화가 났는지, 즐거운지, 싫증을 내는지 등을 알고 상황에 적절하게 대처한다면 더 좋은 결과를 기대할 수 있다.

⊙ 자신에 대한 정보를 제공한다

세일즈맨이 계약 직전에 고객으로부터 계약 취소를 통보받았다고 가정해보자. 이때 세일즈맨은 정말 실망스럽고, 화가 나는 것을 느낄 것이다. 이때 세일즈맨이 고객에게 하기 쉬운 행동은 항의를 하거나 화를 내는 것인데 이런 감정을 가지고 고객과 대화하는 것은 결코 도움이 되지 않는다.

'화'는 세일즈맨에게 계약 취소로 욕구를 충족시킬 수 없다는 정보를 알려주고 있다. 이때 "아, 계약이 최소로 인해 내가 바라던 성취감을 충족시킬 수 없어 화가 났구나."라고 스스로를 알게 되면 자신에게 도움이 되는 현명한 선택을 할 수 있다. 만약 자신이 '화를 내고 있다'는 정보를 무시한 채 고객과 대화를 계속한다면 고객과의 관계가 나빠지기도 하고, 스스로 받는 스트레스로 건강을 해치거나 세일즈를 그만두기도 하는 등 여러 가지 형태의 후유증이 남을 수 있다.

이처럼 감정은 끊임없이 외부 환경이나 상대와 나에 대한 다양한 정보를 제공해주고 있다. 감정이 제공해주는 정보를 활용할 때는 도움이 되지만, 외면할 때는 바람직하지 않은 영향을 미치게 된다. 특히 감정이 격앙된 상태에서는 합리적인 판단을 할 수가 없기 때문에 더욱 주의할 필요가 있다. 이럴 경우에는 심호흡을 한다거나 잠시 자리를 피해 감정을 추스른 다음 대응책을 마련하는 것이 효과적이다.

에너지를 제공한다

PC방에서 며칠 동안 쉬지 않고 게임을 하다 목숨을 잃었다는 뉴스를 가끔 접하게 되는데, 쉬지 않고 게임을 할 수 있는 이유는 즐거운 감정이 끊임없이 에너지를 만들어내기 때문이다. 아이들이 즐거울 때 밥도 먹지 않고 노는 것도 이와 비슷하다. 이와 반대로 몇 년 전, 자신의 승용차를 추월한 오토바이에 분노한 운전사가 그 오토바이의 뒤를 받아 오토바이 운전사를 사망하게 만든 사건이 있었는데 분노의 감정이 상대방을 처벌하는데 쓰인 사례이다.

이처럼 감정은 우리가 행동할 수 있도록 에너지를 생산적인 활동에 쓰이기도 하지만 때로는 파괴적인 활동에 쓰이기도 한다. 우리가 주의해야 할 것은 파괴적인 활동에 감정 에너지를 쏟을 때이다. 이런 감정을 느낄 때의 행동은 다른 사람을 처벌하는 것으로 이어진다. 직접적으로는 상대방에게 신체적인 해를 가하기도 하고, 피해를 주기 위해 상대를 음해하거나 집단 따돌림을 시키기도 한다. 이런 일들은 에너지가 있기에 가능하지만 이 단계를 넘어가면 자기 비난으로 이어지게 된다. 이 단계에서는 무기력하고 의기소침해지면서 희망이 없어진다.

이런 감정은 세일즈 실적에도 영향을 미친다. 기분이 좋을 때는 일도 잘 되지만 나쁠 때는 평소보다 시간도 더 많이 걸리고 실수도 많아질 뿐만 아니라 결과도 그다지 좋지 않게 된다. 특히 고객과의 관계에도 많은 영향을 미치게 된다. 세일즈맨이 기분 좋을 때는 얼굴에 미소를 띄면서 부드러운 말로 고객과 대화를 하지만 그렇지 못할 경우에는 얼굴에 짜증이 나타나면서 퉁명스러운 대화가 이어질 수 있는데 이럴 경우 고객과의 관계는 나빠지면서 계약에도 영향을 미치게 된다.

고객의 경우에도 마찬가지이다. 고객이 실제로 '구매'라는 행동을 하기 위해서는 상당한 에너지가 필요한데 결국 세일즈맨이 만드는 즐겁고 유쾌한 감정이 고객에게 구매에 필요한 에너지를 제공하는 것이다.

동기를 부여한다

달성하고자 하는 의지가 강할수록 우리의 감정은 고조된다. 이렇게 강한 감정이 우리를 행동하게 하는 동기가 된다. 우리가 사람들에게 동기를 부여한다는 것은 사람들이 자신의 욕구를 충족시켜 즐겁고 행복한 감정을 느끼도록 만드는 것이다. 세일즈맨도 마찬가지이다. 세일즈맨이 세일즈에 성공하기 위해서는 고객의 욕구를 파악하고, 그 욕구를 충족시키기 위해 어떤 방법을 사용하는가에 달려있다.

세일즈 매니저가 세일즈맨을 대상으로 더 많이 활동하기 위해 사용하는 방법 중에 상대를 비난하거나 자극하여 화가 나게 만드는 경우를 가끔 보았다. 그러나 이 방법을 사용하면 세일즈맨에게 두려운 감정을 만들어 일시적으로 세일즈맨을 움직이게 만드는 효과는 기대할 수 있지만 장기적으로는 세일즈맨과의 관계를 악화시켜 모두가 패자가 될 가능성이 크다.

세일즈 매니저가 세일즈맨들을 대상으로 자극적인 단어들을 사용하면 세일즈맨들은 긴장상태가 되는데, 만성적 긴장은 스트레스의 가장 큰 원인이 된다. 스트레스의 강도가 높아지고 시간에 대한 압박도 함께 받게 되면 평소에 친절하던 사람도 침착함을 더 이상 유지할 수 없게 된다. 이럴 때 상대방에 대해 적대적인 행동을 보이거나 스스로 건강을 해치기도 한다. 이런 상태에서는 세일즈 매니저와의 관계뿐만 아니라 고객과의 관계까지도 악화되기 때문에 세일즈 활동을 그만 둘 가능성이 높아지게 된다.

인간은 욕구를 갖고 있고 항상 그 욕구가 성취되기를 원한다. 세일즈맨들은 자신의 업무에서 만족감, 즐거움 그리고 성취감을 느끼고 싶어 한다. 이런 세일즈맨에게 동기를 부여하기 위해서 세일즈 매니저는 세일즈맨 자신의 삶의 의미나 가치를 찾을 수 있도록 도와주고 스스로 만족감, 성취감을 느낄 수 있는 방법을 모색하고 실행에 옮길 수 있도록 지지하고 격려해야 한다. 또한 세일즈맨들이 자신들의 욕구가 충족되는 것을 끊임없이 느낄 수 있도록 해야 한다.

구매 동기를 부여하는 의사소통 노하우

경청을 통한 욕구 탐색

동기를 부여하려면 자신이 진정으로 원하는 것이 무엇인지를 스스로 파악할 수 있게 만들어야 한다. 이를 위해서는 상대방의 욕구에 대해 질문하고, 대화를 통해 상대방이 원하는 욕구를 파악해야 한다. 상대방이 대화 중에 욕구를 나타내는 표현을 보면 다음과 같다.

- 나는 ~을 원한다
- 나에게는 ~가 큰 의미가 있다
- 나는 ~을 할 때 재미가 있다
- 나는 ~이 중요하다
- 나는 ~에 가치를 두고 있다
- ~은 나에게 활력을 준다
- 나는 ~을 할 때 몰입할 수 있다

이런 표현을 들으면 상대방이 원하는 욕구를 알게 되고 욕구를 충족하려는 상대방의 행동이 이해가 되고 돕고 싶어진다. 특히 세일즈맨은 고객들에게 구매동기를 부여하기 위해서도 고객들이 어떤 욕구들을 가지고 있는지를 민감하게 파악해야 한다. 이런 과정들을 통해 고객은 자신의 욕구를 충족하게 되고 자신의 구매 행동에 만족하게 되는 것이다.

물론 세일즈맨이 고객의 욕구를 전부 충족시켜줄 수는 없다. 그렇지만 대화를 통해 고객이 원하는 욕구를 제대로 이해할 수 있다면 세일즈맨은 고객이 자신의 욕구를 충족할 수 있는 방법을 선택하도록 도와 줄 수 있다. 이렇게 고객이 자신이 원하는 상품을 구매할 수 있다면 자신의 선택에 대한 책임감으로 상품에 대한 만족도와 함께 세일즈맨에 대한 만족도도 당연히 높아지게 된다. 결국 고객이 원하는 상품을 고객이 원할 때 구매할 수 있도록 도와주는 것이 동기부여의 시작인 것이다.

그러나 아무리 관심을 갖더라도 상대가 무엇을 원하는지 모를 경우에는 질문을 통해 상대의 욕구를 찾아주어야 한다.

질문을 통한 욕구 탐색

경영자나 세일즈 매니저들은 일차적으로 세일즈맨들이 무엇을 원하는지 탐색해야 하며, 세일즈맨들은 고객이 원하는 것이 무엇인지 탐색해야 한다. 갈등을 피하기 위해서 경영자는 세일즈 매니저나 세일즈맨이, 세일즈 매니저는 세일즈맨들이, 세일즈맨들은 고객이 무엇을 원하는지를 파악하는 것이 중요하다. 이렇게 해야 서로가 '윈-윈'이 가능한 상황이 되는데, 한쪽의 욕구만 충족시킨다면 다른 한쪽의 욕구는 충족되지 못해 갈등이 발생할 수 있기 때문이다.

"당신이 진정으로 원하는 것은 무엇입니까?"라는 질문을 받으면 사람들은 지금까지 자신이 몰랐던 자신의 내면세계를 탐색하기 시작한다. 탐색 결과 다른 사람에게 밝히기를 꺼렸고 스스로도 직면하기를 회피했던 진정한 바람을 표현할 가능성이 높아진다. 이때 질문한 사람과의 신뢰관계 정도에 따라 상대방은 자신의 속내를 드러내 놓을 수도 있고 망설이거나 드러내는 것을 포기할 수도 있다. 이렇게 질문을 통해 상대방의 욕구를 파악할 때 진정성이 없거나 기계적으로 하는 질문은 좋은 효과를 줄 수 없다는 것을 명심해야 한다.

욕구를 탐색하는 질문을 할 때는 상대로 하여금 자신이 원하는 것을 이미지로 볼 수 있게 만들어주는 것이 중요하다. 우리의 기억은 이미지로 저장되기 때문에 내가 원하는 것을 얼마나 명확하게 이미지로 만들 수 있느냐에 따라 욕구를 충족하는 정도가 달라질 수 있다.

인간이 행동하는 목적은 욕구를 충족시키는 것이다. 따라서 모든 세일즈맨, 세일즈 매니저는 항상 자신들의 욕구가 달성되기를 원한다. 직장에서 욕구를 달성하는 방법은 업무를 통해서 가능하기에 "지금 하고 있는 일을 통해서 얻고자 하는 것은 무엇인가?"라는 질문이 필요하다. 상대가 일을 통해 얻으려고 하는 것이 무엇인지, 미래의 모습은 무엇인지, 일을 하면서 느끼는 것은 무엇인지, 좌절하거나 실망하고 있는 것은 무엇인지를 질문한다면 상대방은 상당히 곤란한 표정을 지을 수 있다. 대부분의 사람은 이런 질문이 익숙하지 않고 질문에 대한 대답을 하기 위해서는 오랜 시간에 걸쳐 생각해야 비로서 답을 얻을 수 있기 때문이다. 따라서 상대방이 원하는 것을 물을 때는 어떤 방식으로든 상세하고 지속적으로 물어보는 것이 중요한 포인트이다.

상대방에 대한 욕구 탐색이 어느 정도 진행되면 상대방의 욕구 중 충족된 것과 충족되지 못한 것을 구분해야 한다. 충족의 정도를 파악하기 위해서는 충족되었을 때의 구체적인 모습에 대한 질문이 필요하다.

"욕구가 충족되었을 때 당신의 모습이나 느낌은 무엇인가?"

이렇게 상대가 시각적으로 인지할 수 있도록 도와주면 상대는 더 빨리 자신의 욕구 충족 정도를 이해하게 된다. 여기서도 질문을 받은 사람이 진정한 자기 욕구를 파악하고 있는가를 이해하려면 "충족하려는 욕구의 강도는 얼마나 강한가?"라는 질문을 해보자. 자신의 욕구보다는 타인을 의식해 대답하는 경우도 있기 때문에 욕구의 충족 정도를 본인이 깨달을 수 있도록 질문을 해야 한다.

'진정으로 원하는 것'을 찾는 것은 매우 어려운 작업이다. 경우에 따라서는 이 질문에 답하는데 평생이 걸릴 수도 있다. 그럼에도 이 작업을 지속적으로 해 나간다면 일상에서 내가 얻고자 하는 것과 얻었다고 생각하는 것과의 차이를 찾을 수 있고, 그 차이를 메울 수 있는 방법 또한 찾게 될 것이다.

2. 자신을 믿어라

"너의 목표가 40대 후반부터 편안한 노후를 보내는 것인데 너는 어느 정도 성공할 수 있다고 생각해?"라고 필자가 후배에게 다시 질문을 했다. 후배는 "저도 열심히 세일즈 활동을 하는데 실적이 생각만큼 나오지가 않아요. 정말로 제가 제 목표를 달성할 수 있을 것인지, 제가 세일즈 활동에 적합한 사람인지 요즘 회의감이 듭니다."라며 굉장히 괴로운 표정으로 대답했다.

많은 세일즈맨은 자신의 능력을 과소평가 한다. "내가 그렇게나 높은 영업실적을 올릴 수 있을까?", "어떻게 그게 가능해?", "안 돼!" 등 지속적으로 자신의 발목을 붙잡는 말들로 갈등한다. 이런 자신에 대한 부정적인 생각들이 자신을 작게 만들고 세일즈 활동에 대한 두려움을 갖게 한다.

전자제품을 구입하기 위해 대리점을 방문했을 때, 그곳 직원이 제품 설명을 하면서 우물쭈물하는 모습을 보이면 사람뿐만 아니라 그 제품에 대한 신뢰도가 떨어져 제품 구매를 망설인 적이 있을 것이다. 이처럼 세일즈맨이 자기 확신이 없을 때 가장 먼저 알게 되는 사람이 바로 고객이다.

세일즈맨 스스로 '나는 누구인가?', '나는 어떤 능력이 있는가?', '나는 어느 정도 성공할 수 있을까?' 등 스스로가 정한 목표에 대해 충분히 달성 가능하다는 내적 신념을 가질 때 비로소 성공할 수 있다.

HOW TO **자신에 대한 믿음이 필요하다**

세일즈에 대한 5가지 생각

우리가 일상적으로 사용하는 말은 대화 상대의 의식과 무의식에 영향을 주지만 많은 사람은 그것을 깨닫지 못한다. 먼저 아래의 5가지 문장을 살펴보자.

- 당신의 세일즈 환경은 좋습니다
- 당신은 고객의 요청에 신속하게 대응합니다
- 당신은 ○○세일즈 분야에 탁월한 소질이 있습니다 ·
- 세일즈에 대해 당신이 믿는 가치를 마음에 간직하는 것이 중요합니다
- 당신은 훌륭한 사람입니다

5가지 문장은 모두 비슷한 의미로 사용되고 있다. 전부 훌륭하다는 평가이다. 그러나 각 문장의 내용을 음미하면서 읽으면 문

장에 따라 몸에서의 반응이 조금씩 다른 것을 느낄 수 있다. 어떤 문장은 다른 문장보다 좀 더 강하게 반응하고, 어떤 문장은 별로 영향을 주지 않을 것이다.

위의 문장을 순서대로 설명하면 다음과 같다. 먼저 환경이다. 예를 들어 "당신이 몸담고 있는 분야의 세일즈 환경은 좋습니다." 라는 말을 들으면, 듣는 사람은 자신의 일이 평가되는 것이 아니라 자신의 외부 환경에 관한 것이라는 것을 직감적으로 느낄 것이며, 감흥의 정도는 그리 크지 않을 것이다. 외부 환경이 나쁜 것보다는 좋은 것이 유리하므로 약간의 안도감을 느끼는 정도이지 세일즈 활동에 결정적인 영향을 미치는 것은 아니다.

다음은 행동이다. "당신은 고객의 요청에 신속하게 대응합니다."라는 말을 들은 세일즈맨은 실제로 자신의 과거 행동을 떠올리고, 그 행동이 신속했다고 받아들일 것이다. 이번에는 먼저의 환경과는 다르게 어느 정도 자기 자신이 다른 사람에 의해 평가되고 있다는 것을 느낀다. 그러나 대부분의 사람은 자신의 모든 것이 평가되는 것이 아니라 일부 특정 행동에 대해서만 평가된다고 생각한다.

다음은 능력이다. "당신은 ○○세일즈 분야에 탁월한 소질이 있습니다."라는 말에는 실제로 자신이 잘하는 분야를 생각해보고, 그 분야에 대한 자신의 소질이 다른 사람에 의해 평가되고 있다는 것을 느낀다. 행동보다는 자신의 보다 더 중요한 부분이 평가되고 있다는 것을 느낄 것이다.

다음은 신념·가치관과 관련된 것이다. "세일즈에 대해 당신이 믿는 가치를 마음에 간직하는 것은 중요합니다."라는 말에 사람들은 단호한 결심을 하게 될 것이다. 그리고 자신의 중요한 가치관이 긍정적으로 평가되고 있다고 생각할 것이다.

마지막으로 자기인식이다. 자기인식은 사람의 존재 그 자체의 이미지라고 할 수 있다. 자기인식은 "나는 ○○사람이다.", "그 사람은 △△하다."라는 형태로 표현된다. 마지막의 "당신은 훌륭한 사람입니다."에 대한 평가는 앞의 평가들과는 근본적으로 다르다. 예를 들어 어떤 사람이 당신에게 "당신의 행동은 훌륭합니다."라고 말했다고 하자. 이 표현을 들은 당신은 자신의 모든 것이 아닌 자신의 일부, 즉 자신의 행동만이 평가되고 있다는 것을 느낄 것이다. 능력 · 신념 · 가치관도 이와 비슷하게 나의 전체가 아닌 일부분에 대한 평가이다.

그러나 "당신은 훌륭합니다."는 결국 '나=훌륭하다' 와 같이 '나' 라는 사람 그 자체가 훌륭하다고 평가되는 것이다. 결국 자신의 이미지 전체에 영향을 미치는 것이다.

이와 같이 5가지 생각이 우리에게 미치는 영향력은 차이가 있다. 영향력이 큰 순서로 정리해 보면 자기인식(Identity, 정체성, 입장), 신념 · 가치관, 능력, 행동, 환경 순이 된다. 이것을 생각의 사다리라고 부른다. 이것을 정리하면 다음과 같다.

〈 생각의 사다리 〉

자기인식	Who	사명 역할
신념 · 가치관	Why	동기 · 허가
능력	How	전략 · 계획
행동	What	행동 · 반응
환경	Where, When	기회 · 제약

자기인식의 영향력이 가장 크다

생각의 사다리

'생각의 사다리'에 대한 이해를 돕기 위해 피아노 연주를 예로 들어 설명하면 다음과 같다.

먼저 환경에 대한 것이다. 피아노를 연주하기 위해서 필요한 것은 피아노가 놓여 있는 공간, 악보와 그 방의 방음 설비 정도가 될 것이다.

그러면 행동에 대한 것은 무엇일까? 그것은 피아노의 건반을 누르는 행위이다.

피아노로 음악을 연주하는 것은 능력이다. 여기에서 행동과 능력의 차이가 명확하게 드러난다. 피아노 건반을 누르는 것은 누구라도 가능하다. 그러나 악보에 따라 피아노를 연주하기 위해서는 별도의 연습이 필요하다. 피아노를 제대로 연주하기 위해서는 체계적이고 조직적인 손놀림을 익혀야 하기 때문에 단순한 움직임과는 다른 것이다. 따라서 능력이 행동보다 사람들에게 더 큰 영향을 미친다고 말할 수 있다.

'피아노를 연주한다'는 것에서의 신념·가치관은 피아노는 사람의 마음을 풍요롭게 한다는 가치관이다. 이렇게 긍정적인 가치관은 사람에게 동기(하고자 하는 마음)를 제공한다.

자기인식은 "나는 피아니스트이다."라고 표현할 수 있다. 자기인식은 자신의 존재 방법으로 "나는 ~이다." 혹은 "당신은 ~이다."라는 표현이 주로 사용된다. 그래서 "나는 피아니스트다."라고 자기를 인식하고 있는 사람은 피아노는 사람의 마음을 풍요롭게 한다는 신념·가치관을 가지고, 피아노로 악보를 연주하는 능력을 향상시키기 위해 노력하고, 다른 사람 혹은 자신을 위해 피아노 건반을 누르는 행동을 피아노가 놓여 있는 환경에서 하고 있는 것이다. 이런 모든 것들이 생각의 사다리와 관련 있다.

긍정적인 신념은 최고의 능력을 선물한다

어떤 세일즈맨이 '세일즈는 인생을 즐겁게 한다.'는 신념을 갖고 있다고 하자. 세일즈맨의 이 신념이 세일즈맨의 능력에 어떤 영향을 미칠까? 아마도 세일즈를 즐겁게 하기 위해 필요한 여러 가지 능력을 향상시키려고 노력할 것이다. 이처럼 능력을 발달시키기 위해서는 동기가 중요한 역할을 한다.

동기 부여는 신념·가치관과 관련이 있다. 야구를 즐기는 사람이 가지고 있는 '야구는 나를 즐겁게 한다.'는 신념은 야구 실력을 향상시키는데 큰 역할을 할 것이다. 야구를 하는 것이 즐겁기 때문에 열심히 캐치볼도 하고 TV로 야구 중계를 보면서 자신의 야구 실력을 향상시키며 필요한 연구도 한다. 그러나 야구가 싫은 사람은 프로야구 중계도 별로 보지 않을 것이고, 야구 연습장에도 가지 않는다. 이렇게 되면 결코 야구 실력을 향상시킬 수가 없다. 왜냐하면 능력은 근육과 같아서 사용하면 할수록 발달하기 때문이다.

앞에서 설명한 세일즈맨의 사례에서 '세일즈는 인생을 즐겁게 한다.'는 그의 신념이 세일즈를 할 때 어떤 능력을 발휘할 수 있

을까? 세일즈가 인생을 즐겁게 하기 때문에 끊임없이 자신이 즐
겁기 위한 방법을 탐색하고 선택할 것이며, 이를 위한 노력은 그
를 즐겁게 할 것이다. 따라서 그는 세일즈에 관련된 정보, 교육
등을 선택하게 되며 이로 인해 생각지도 못할 만큼 능력이 향상
될 것이다. 이와 같은 관점에서 보면 좋아하는 믿음(신념)이 있다
는 것은 특정한 능력을 향상시키는데 많은 도움이 될 수 있다. 이
와 같이 대부분의 사람은 자기가 흥미를 가지고 좋아하는 것을
할 때 높은 능력을 발휘하게 된다.

그러면 세일즈에 부정적인 신념을 가지고 있는 사람은 어떨까?
아마도 세일즈를 마지못해 할 것이다. 이런 태도라면 분명히 세
일즈의 성과는 떨어지게 마련이다. 이처럼 신념은 강력한 동기를
만들기도 하지만 능력 발휘를 제한하기도 한다.

즐기면 열정적이 된다

'세일즈는 인생을 즐겁게 한다.'는 신념을 가지고 있는 사람은
어떤 행동을 할까? 아마도 적극적으로 고객을 만나 자신이 파는
제품이 고객의 생활을 얼마나 윤택하게 만들어 줄 수 있는가를
열심히 설명하거나, 고객에게 더 좋은 정보를 제공하기 위해 관
련된 상품도 연구할 것이다. 강의나 강연을 통해 전문 지식을 얻
거나 세일즈의 필요성을 다시 한번 인식하는 등 항상 세일즈와
밀접한 관련이 있는 환경을 만들어 갈 것이다.

거꾸로 세일즈에 부정적인 신념을 가지고 있는 사람은 어떤 행
동을 할까? 극단적인 모습일수도 있지만 세일즈 역량 강화에 소

극적이고 고객을 만나기를 꺼리고 세일즈와 관련이 없는 전공이나 직업을 선택하게 될 것이다.

이처럼 '생각의 사다리' 윗부분에 자리한 생각은 아랫부분에 자리한 생각보다 우리에게 더 중요한 의미와 영향을 미치고 있다. 그러나 많은 사람은 이것을 깨닫지 못하고 있다. 자신에게 어떤 신념과 가치관이 있고, 그것이 어떻게 행동과 환경을 만들어내는가를 잘 살펴보면 자신을 보다 더 잘 이해할 수 있다.

신념은 체험에 의해 만들어지고, 행동은 신념에 지배 받는다

신념을 한마디로 표현하면 '굳게 믿는 것'이라는 의미에 가깝다. 강한 신념이 만들어지면 그것이 행동에 영향을 미치게 된다. 그러나 신념이 만들어지는 원리를 이해하면 그 신념을 바꾸는 방법도 이해할 수 있다.

'나는 세일즈를 못한다.'는 신념을 가진 사람이 세일즈 부서의 책임자로 선발되어 빠른 시간 내에 세일즈를 이해해야 한다고 가정해보자. 업무에 빨리 적응하기 위해서는 자신이 세일즈를 못한다는 생각을 버려야 한다. 세일즈를 못한다는 생각을 버리는 방법 중의 하나가 더 많은 고객을 만나고, 선배 세일즈맨의 경험을 들으면서 간접 체험을 하고, 적극적으로 세일즈 이론을 습득하는 것이다. 이처럼 세일즈 능력 향상을 위한 행동을 점차 늘려가다 보면 우연히 만난 사람에게 자신의 상품을 팔 수 있는 기회가 생기고 점차 자신감을 회복하게 된다.

이와 같이 행동을 반복하면 신념에 영향을 줄 수 있다. 그러나 갑자기 신념을 변화시키는 것은 어렵다. 왜냐하면 신념과 자기인식은 사람에게 특히 중요한 것으로 우리 내면에서 견고하게 자리 잡고 있기 때문이다. 따라서 신념을 변화시키기 위해서는 자신감과 인내력을 가지고 지속적으로 행동을 반복하는 것이 필요하다.

세일즈에 미치는 영향

앞에서 상위에 위치한 생각이 아래에 위치한 생각에 더 큰 영향을 준다고 설명했다. 이것을 보험 세일즈맨의 사례를 통해 각각의 개념이 어떤 식으로 세일즈맨의 활동에 영향을 미치는지 설명하고자 한다.

아래에서 위의 생각으로: 환경(회사와 직업)에서 유래한 자기인식

- 환경 : 지금 보험회사의 △△지점이다
- 행농 : 매일 고객을 만나 세일스 활동을 반복한나
- 능력 : 세일즈 스킬과 상품지식
- 신념 : 보험판매는 우리 가족의 생계와 연결된다
- 자기인식 : 나는 보험 세일즈맨이다

위에서 아래의 생각으로: 보다 큰 자신의 배경(회사 등)에서 유래한 자기인식

- 자기인식 : 나는 보험을 통해 고객과 고객의 가족이 행복한

생활을 하도록 도와주는 라이프 컨설턴트(LC, Life Consultant)이다.

– 신념 : 내가 판매하는 상품은 사람들에게 행복과 위험을 보장해주는 보험이고, 나의 사명은 고객의 풍요롭고 행복한 인생을 도와주는 것이다.

– 능력 : 라이프 컨설턴트로서의 재능이 탁월하다. 언제 어디서나 여러 가지 세일즈 포인트가 보이고, 아이디어가 떠오르며 고객이 원하는 것을 상품과 잘 연결시킨다.

– 행동 : 고객이 있는 곳이면 어디든지 한걸음에 달려간다. 고객의 인생설계도 포함한 다양한 관점에서 상품을 제안한다. 고객 만족을 위해 여러 가지 활동을 하고 있다.

– 환경 : 나를 믿는 고객들이 늘어나고, 고객의 소개로 또 다른 고객을 만나며 수입도 증가했다. 세일즈에 대한 자신감과 자긍심이 높아지고 있다.

무엇을 느꼈는가? 비록 같은 상품을 판매하더라도 세일즈맨이 자기인식을 어떻게 하느냐에 따라 매우 다른 결과를 가져온다. 따라서 세일즈맨으로 성공하기 위해서는 자기인식을 확실히 해두는 것이 가장 중요하다.

성공하는 세일즈맨의 자기인식

자기인식이 실행력을 결정한다

예전에 필자 역시 세일즈를 경험했었다. 세일즈를 처음 시작할 때는 능숙하게 상품을 설명하고 판매하는 것이 어려웠지만 어느 정도 시간이 흐르자 처음과는 다르게 많은 실적을 올릴 수 있었다. 어떻게 실적을 향상시킬 수 있었는지 그 당시에는 몰랐지만 지금 생각해보면 자기인식(입장)과 관계가 있었다.

세일즈를 처음 시작했을 때 필자는 스스로의 역할을 '보험 상품을 판매하는 사람'으로 규정했다. 자신의 역할을 '판매하는 사람'으로 인식하고 일을 했던 것이다. 그렇게 몇 년 동안 세일즈를 하면서 '판매하는 사람'에서 '고객의 파트너'로 인식이 바뀌어갔다.

〈열혈장사꾼〉이라는 드라마에서 주인공 하류(박해진 분)가 여자 친구의 유학비용을 조달하기 위해, 즉 돈을 벌기 위해 열심히 세일즈를 하는 모습이 나온다. 그러나 그 여자 친구가 돈 많은 사람과 결혼을 하고, 여자 친구의 약혼자가 주인공을 동정하여 그가 판매하는 차량을 구입한 사실을 알고 주인공이 크게 좌절하는 장면이 나온다.

이처럼 '물건을 파는 사람'이라는 입장에서는 금전적 보상 이외에 다른 보상을 얻기가 어렵다. 그러나 '고객의 파트너'라는 입장이면 상품을 판매하건 못하건 고객에게 도움이 된다고 생각하게 되면 그 자체가 보상이 되기 때문에 고객을 위해서 더욱 열심히 일하게 된다.

'판매하는 사람'과 '고객의 파트너' 어느 쪽이 세일즈 효과가 좋은지는 두말할 필요도 없다. 왜냐하면 물건을 구입하는 것은 고객이고, 고객은 억지로 사는 것이 아니라 누군가와 상담을 하며 도움을 받고 싶다고 생각하기 때문이다.

잘못된 자기인식은 실패를 부른다

필자가 '판매하는 사람'으로 인식하며 일했을 때는 '어떻게 하면 고객에게 더 많이 팔 수 있을까?' 만 생각했다. 매출만 생각하다 보니 더 많이 팔기 위해 억지로 클로징을 하게 되어 고객이 필자를 기피하는 경우도 많았다. 또 필자 스스로도 비굴하게 되었다. 왜냐하면 고객과 세일즈맨은 대등한 입장이 아니라 필자의 이익을 위해 고객에게 판매한다는 자세를 취했기 때문이다. 즉, 드라마 열혈장사꾼의 사례와 같이 팔 수만 있다면 즉, 금전적인 이득만 있다면 무슨 일이라도 할 수 있다는 생각이 스스로의 자존감을 낮게 만든 것이었다.

이런 모습을 좋아할 사람은 아무도 없다. 영화 〈당신은 지금 사랑하는 사람과 함께 있습니까?〉에서 여자 주인공이 남자 주인공에게 자신의 일에 대해 열심히 설명하지만 남자는 여자를 자신에게 도움을 주는 파트너로 생각하기 보다는 오직 몇 가지 물건을 파는 세일즈맨으로만 대한다. 남자의 이런 반응에 여자가 많이 속상해 하면서 남자를 원망하며 스스로 자신을 비난하는 장면이 나오는데, 이런 일들이 반복되면 결국 세일즈를 포기하게 된다.

특히 세일즈맨이 고객보다는 자신에게 도움이 되는 상품을 판매하려고 하는 경우 이런 좌절을 더욱 심하게 느낄 수 있다. 세일즈맨이 세일즈를 할 때 자신의 이익을 위해서라고 생각하게 되면 주저하는 마음이 들고 자신감이 없어져 소극적으로 행동하게 된다. 이렇게 주저하는 마음으로 소극적으로 행동하게 되면 결코 세일즈를 성공시킬 수 없다.

적절한 자기인식을 선택하라

세일즈를 처음 시작했을 때 "과연 내가 얼마나 할 수 있을까?" 를 고민하면서 꽹장히 힘든 시간을 보냈다. 하지만 인식의 변화를 가지면서 어느 순간 상당한 성과를 올릴 수 있었다. 앞에서도 설명했지만 나도 모르는 사이에 '무언가를 파는 사람'이라는 인식에서 '고객의 파트너'라는 인식을 갖게 되었다. 고객을 몇 번 방문하고 성과가 없을 경우에는 심한 좌절감도 경험했지만 '이번 방문을 통해 내가 고객을 위해 할 수 있는 것은 무엇인가?'라는 생각에 집중하자 고객을 위해 할 수 있는 일이 꽹장히 많아졌고, 고객을 방문하는 일이 즐겁고 보람있게 느껴졌다. 이런 기분이 나도 모르는 사이에 행동을 변화시켰고 어느 순간 실적이 오르기 시작했다.

즉 '고객의 파트너'로 자신을 인식하는 순간 나의 신념과 가치관이 '고객의 기쁨'과 '고객의 문제를 해결하는 것'에 집중하게 되었다. 이런 신념을 중요하게 여기게 된 나는 '고객의 마음(소리) 과 고객이 해결하고 싶은 것'을 읽어 내는 능력을 발휘할 수 있었다. 다른 무엇보다 고객의 말을 경청함으로써 마음을 읽을 수 있었고 결과적으로 고객과 깊은 신뢰관계가 형성되었다.

사람은 누군가로부터 억지로 물건을 사기를 원하지 않는다. 그러나 고객도 여러 가지 곤란한 문제를 가지고 있기 때문에 누군가와 상의하고 싶어 한다. 따라서 고객의 고민을 파악하게 되면 어떤 입장에서 고객을 대하는 것이 좋을까를 쉽게 알 수 있다. 자신에 대한 인식을 변화시키면 신념·가치관이 변화해, 능력과 행동이 변화되는 것이다.

이처럼 세일즈 행위는 일상에서 여러 가지 상황에 맞는 자기인식을 선택하는 것으로 최고의 능력발휘를 할 수 있게 된다.

생각의 사다리 작성

세일즈맨으로 성공하기 위한 자기인식, 신념·가치관, 능력, 행동, 환경 순으로 각 영역에 해당되는 질문에 대해 스스로 답을 하면서 생각의 사다리를 작성해 본다. 이렇게 작성된 것을 가지고 끊임없이 자신을 점검해 나갈 필요가 있다.

1. 자기인식

- 나는 어떤 세일즈맨이 되길 원하는가?
- 내 인생에서 가장 중요한 것은 무엇인가?

2. 신념과 가치관

- 세일즈맨으로서 내가 중요하게 믿는 것은 무엇인가?
- 내가 세일즈를 하면서 중요하게 생각하는 가치는 무엇인가?
- 세일즈맨으로서의 내 믿음 중에서 과거로부터 영향을 받고 있는 것은 무엇인가?

3. 능력

- 내가 고객을 위해 발휘할 수 있는 능력은 무엇인가?
- 고객을 위해 나는 어떤 기술이나 재능을 계발하기를 원하는가?
- 세일즈맨으로서 지금 가지고 있는 재능 중에서 더 많이 활용하고 싶은 것은 무엇인가?
- 세일즈맨으로서 새롭게 배우거나 활용하고 싶은 것은 무엇인가?

4. 행동

- 세일즈맨으로서의 나는 무엇을 목표로 행동하고 있는가?
- 세일즈맨으로서 내가 변화하고 싶은 행동은 무엇인가?
- 나의 고객을 위해 내가 할 수 있는 것은 무엇인가?

5. 환경

- 지금 나를 둘러싸고 있는 세일즈 환경은 어떤가?
- 세일즈맨으로서 나는 어떤 시대에 살고 있는가?
- 세일즈맨으로서 나는 누구와 함께 하는가?
- 나의 고객은 누구인가?

구 분	작 업
자기인식	
신념과 가치관	
능 력	
행 동	
환 경	

3. 긍정적인 세계관을 지녀라

"그래, 정말 마음고생을 많이 했구나. 그럼 넌 고객을 만나서 어떤 기준으로 상품을 권하니?"라고 필자가 후배에게 묻자 "선배님, 저도 이 부분에 고민이 많습니다. 회사에서 제공하는 프로모션을 달성하기 위해서는 회사가 중점을 두는 상품을 팔아야 하는데, 고객을 만나보면 정말 고객이 원하는 상품은 따로 있고……. 이런 경우가 자주 반복되니까 정말 영업할 맛이 나지 않습니다."라며 고민을 털어 놓았다.

사람은 저마다 자신의 문화배경, 인생경험, 연령, 성별, 교육, 성격, 종교 등에 의해 그 사람 나름의 사물을 보는 방법(인식 방법), 사고와 해석의 방법, 가치관을 갖고 있다. 이런 현실세계를 볼 때, 개인이 인생을 살아가는 내적인 가이드라인과 같은 것을 '세계관' 이라고 한다. 다시 말하면 자신에게는 '당연하게 생각하는 것' 혹은 '상식' 이라고 말할 수 있다. 자신의 상식에 관한 표현으로 '~하는 것은 당연한 것이다', '~하는 것은 상식이다', '보통은 ~한다' 등이 대표적이다.

이와 함께 사회적으로 옳으며 자신이 믿고 있는 기준을 '가치'라고 한다. 사람은 누구나 자신의 가치에 대해 우선순위를 가지고 있는데, 특정 상황에서 어떻게 행동할 것인지는 자신의 '가치'에 의해 결정된다. 세일즈맨이 고객에게 상품을 권유할 때나 고객이 상품을 구입할 때도 자신이 가진 가치의 우선순위에 의해 판매 혹은 구매가 결정되는 것이다.

자동차를 구매하는 경우를 살펴보자. 명예에 큰 가치를 두고 있는 사람은 자신의 구매력에 관계없이 경차보다는 배기량이 큰 차를 구입할 가능성이 높다. 반면 절약에 우선순위가 있는 사람은 가능한 경제적인 차를 구매할 것이다.

가치의 종류에 대해 예를 들면 다음과 같다.

감사	결의	겸손	경청	고귀함	공감	공정함
공존	관용	균형	긍정성	끈기	기쁨	노동
능동성	목표	의식	명예	배려	배움	봉사
북돋움	분별력	사랑	사려깊음	사명	성실	성찰
소박함	신념	신뢰	아름다움	열정	예의	용기
용서	우정	이해	인내	인정	자기사랑	자제력
정의로움	정직	존중	지도력	지혜	진실함	진취성
집중	창조성	책임감	친절	평화	협동	희망
안전	절약					

사람들은 일을 할 때도, 인간관계를 형성할 때도 자신이 중요하게 생각하는 가치에 따라 행동하게 된다. 말하자면 회사에서

흔히 볼 수 있는 핵심가치 혹은 자기 사명서와 같은 역할을 하는 것이다. 자신이 어떤 가치를 중요하게 여기는지를 확실하게 알면 의사결정 속도도 빨라진다.

세일즈맨은 자신이 어떤 가치를 중요하게 생각하고 있는지를 먼저 탐색해야 한다. 세일즈맨이 고객을 만나 상품을 권할 때의 선호도는 고객의 가치보다는 자신의 가치에 따라 결정될 가능성이 높기 때문이다. 따라서 세일즈맨은 자신이 중요시하는 가치를 알고, 고객이 어떤 가치에 중점을 두고 있는지를 알게 되면 고객의 선호도를 탐색하기 위해 사용하는 에너지의 낭비를 줄일 수 있고, 고객의 구매 결정 속도도 높일 수 있을 것이다.

세일즈맨은 고객들이 자신이 중요하게 생각하는 가치에 적합한 상품을 구매할 수 있도록 도와야 한다. 또 세일즈맨은 자신의 가치와 고객 가치의 우선순위가 다를 때에도 자신의 가치보다는 고객의 가치를 존중할 수 있어야 고객과의 관계가 지속되며, 고객은 자신의 가치에 따라 물건을 구매할 때 세일즈맨과의 관계를 돈독하게 유지할 수 있게 된다.

HOW TO　가치관을 정립하라

가치관이란 자신을 포함한 세계나 만물에 대하여 갖는 평가의 근본적인 태도, 또는 견해이다. '~하는 것이 적절한', '~하지 않으면 안 되는' 등의 표현을 사용할 때는 대체로 그 사람의 가치관에 관한 언급이다. 혹은 '~은 좋고, 나쁘고, 바르고, 틀리고' 등의 표현에도 주의를 기울일 필요가 있다.

우리들은 가치관과 사물을 보는 방법 등을 어릴 때부터 가정, 학교 교육, 대중 매체 등을 통해 교육 받았고 몸에 익혀 왔다. 이렇게 구축한 가치관을 변화시키는 것은 상당히 어렵다. 하물며 상대의 가치관을 변화시키는 것은 거의 불가능에 가깝다.

상대의 가치관을 변화시키는 것은 불가능하다는 것을 이해하고, 다른 가치관을 가진 사람들과 공유하는 방법을 찾는 것이 중요하다. 예를 들어 봉사활동에 필요한 경비를 조달하기 위해 세일즈를 시작한 사람의 경우, 이 세일즈맨은 돈을 벌기 위한 것이 아니라 '다른 사람에게 기여하기 위해' 세일즈를 시작했다. 이런 사람에게 세일즈 매니저가 금전적 보상으로 동기부여를 하려고 한다면 갈등이 생길 수 있다. 이런 경우 세일즈 매니저는 세일즈맨의 활동 목적을 이해하고, 세일즈 활동이 어떻게 봉사활동과 연결되는가를 강조하는 것이 도움이 될 것이다. 세일즈 활동을 통해 수입이 창출되며, 이는 세일즈맨이 원하는 다양하고 더욱 활발한 봉사활동과 연결됨을 주지시켜 준다면 세일즈맨은 세일즈가 봉사활동이 '다른 사람에게 기여' 한다는 자신의 가치를 충족시키는 또 하나의 방법임을 이해하며 활동의 동력을 얻을 수 있을 것이다.

내가 하는 행동의 기준이 다른 사람의 가치관이 아니라 자신의 가치관이라는 것을 확실하게 알면 그것만으로도 자신을 더 잘 이해할 수 있다.

자신의 가치관을 확실하게 하기 위해 다음과 같은 질문을 할 수 있다.

"나는 일에 대해 금전적 보상 이외에 어떤 것을 기대하고 있는
가?"
"돈 이외에 업무로부터 무엇을 얻을 수 있는가?"
"일이 재미있다고 느낄 때는 언제인가?"

4. 가치를 부여하라

"또 하나 저를 괴롭히는 것이 저의 직업을 바라보는 다른 사람의 시선입니다. 선배님도 아시다시피 아직까지 저의 직업에 대해 부정적으로 보는 시각이 있다 보니 다른 사람들에게 저의 직업을 떳떳하게 말하는 것도, 제가 판매하고 있는 상품에 대해 적극적으로 권유하는 것도 어렵습니다. 이러다 보니 이 직업을 계속 해야 하는 것인지, 아니면 직업을 바꿔야 하는 것인지 판단이 서지 않습니다. 이런 고민을 하면 그날은 정말 활동하기 싫어지거든요."

우리의 가슴 깊숙한 곳에는 '사농공상' 에 대한 차별이 여전히 자리 잡고 있다. 우리 마음에 자리한 이런 무의식이 선뜻 세일즈를 직업으로 선택하지 못하게 만드는 요인이 되고 있다. 세일즈맨이 자신의 직업에 자부심을 느끼지 못하면 자신감이 떨어지고 직업에 대한 회의감이 커져서 세일즈를 오래하기 힘들어진다.

세일즈맨이라는 직업에 대한 자부심을 가져야만 세일즈에서 성공할 수 있다. 세일즈맨으로서의 자부심은 자신의 직업에 가치를 부여함으로써 가질 수 있다. 예를 들어 '자동차 세일즈'를 '단순히 차를 고객에게 파는 행위'라 하는 대신 '자동차를 통해 고객을 안전하고 편리하게 원하는 목적지까지 도달할 수 있도록 돕는 것'이라고 생각해보자. 아마 훨씬 자신의 직업에 자부심을 느낄 수 있을 것이다.

이처럼 세일즈맨의 행위 하나 하나에는 큰 의미가 있다. 그 의미가 고객에게 미치는 영향이 항상 긍정적이도록 노력한다면 고객은 세일즈맨에게 고마움을 느끼고, 세일즈맨은 세일즈 행위에 보람을 느끼게 될 것이다. 세일즈맨은 항상 자신의 모습을 스스로 그려보고 자부심을 느끼도록 노력해야 한다.

5. 상품에 대한 믿음을 지녀라

"그래, 네가 얼마나 많은 갈등을 하고 있는지 느껴진다. 그런데 넌 보험 상품이 정말 고객에게 도움이 된다고 생각하니?"라는 필자의 질문에 후배는 "아니, 선배님은 어떻게 그런 바보 같은 질문을 하세요?" 라고 되물었다.

만약 A사 자동차 세일즈맨이 자기 제품에 대한 신뢰가 없어 자신은 B사의 자동차를 이용하면서 고객에게 A사의 자동차를 세일즈한다면 어떻게 될까? 이것은 반드시 실패할 수밖에 없다. 모 통신회사에 강의하러 방문했을 때의 일이다. 교육 시작 후 그 회사의 휴대전화 통화 품질에 대해 말하던 중 교육생 한 명이 경쟁사에 비해 자사의 통신 품질이 떨어진다고 당당히 말하는 것이었다. 아마 그 교육생은 선의로 그런 말을 했겠지만 듣는 사람으로서는 상당히 당황스러운 순간이었다. 이와 유사한 사례는 보험 시장에서도 빈번하게 발생한다. 보험 세일즈맨들이 자신의 상품보다는 다른 회사의 상품이 가격 대비 보장이 높다고 스스로 영업을 포기하는 것도 보았다.

HOW TO 상품에 대해 깊이 연구하라

고객이 지불하는 비용보다 고객이 느끼는 가치가 더 커야 구매가 성립된다. 고객이 제품의 가치를 결정하는 요소에는 제품 자체의 경쟁력도 필요하지만 세일즈맨과의 관계에서 만들어지는 정서적인 부분도 포함된다. 우리가 물건을 구입할 때 객관적인 수치에 의지하는 정도가 얼마나 되는가? 아마도 객관적인 자료보다는 주관적인 감성에 더 많이 의지할 것이다. 특히 세일즈맨을 신뢰할 수 있다면 전적으로 세일즈맨에게 의존하게 된다.

세일즈맨의 역할은 고객이 적절한 상품을 구매할 수 있도록 도와주는 것이다. 세일즈맨이 자신의 주관적 판단에 따라 고객의 구매에 영향을 줄 필요는 없다. 세일즈맨이 '내가 판매하고 있는 제품은 다른 회사의 제품에 비해 경쟁력이 떨어지는데……' 라는 생각을 하면 이 생각이 세일즈맨의 행동에 영향을 미쳐 세일즈 활동이 위축된다. 특히 자사의 제품 경쟁력이 상대적으로 떨어져 자신의 성과가 기대보다 낮다고 생각하는 세일즈맨일수록 새로운 상품에 거는 기대감이 커진다. 자신이 생각한 모든 약점들이 한꺼번에 보완되기를 바라기 때문이다. 이런 기대 속에서 새로 출시된 상품이 여전히 자신이 생각했던 약점을 보완하지 못했다고 생각하게 되면 기대는 실망으로 바뀌면서 활동력이 떨어지게 된다.

모든 회사는 경쟁력 있는 상품을 만들고 있다. 그렇기 때문에 세일즈맨은 회사가 제품을 개발할 때 어떤 속성의 고객을 목표로 했는지, 다른 회사 제품과 비교해 어떤 강점이 있는지를 분명히 인식해야 한다. 물건을 구입한 고객에게 손해를 끼치는 비도덕적인 상품이 아니라면 적극적으로 고객에게 상품의 존재를 알릴 필요가 있다. 자신이 판매하는 상품과 동일한 제품은 없다. 다른 회사에 유사한 제품은 있을지 몰라도 같은 제품은 없는 것이다.

세일즈맨은 자신의 상품에 대해 '어떤 대상에게 판매하면 좋을까', '내가 이 상품의 가치를 높이기 위해서 어떤 노력을 해야 할까?'를 충분히 고민해야 한다. 고객이 상품의 판매 가격보다 상품의 가치를 더 높게 인식하게 만드는 것이 세일즈맨이 존재하는 이유이기 때문이다.

고객은 자신의 구매 욕구를 충족할 수 있는 제품을 산다. 세일즈맨이 자사 제품에 대해 부정적인 생각을 버리고 제품의 강점을 철저히 분석한 후, 그것을 고객에게 적극적으로 알리는 활동을 열심히 하는 것이 훨씬 더 생산적인 결과를 가져온다.

세일즈맨이 상품에 대한 믿음이 확고하면 고객이 구매할 가치가 충분하다고 스스로가 믿게 되어 자신에게 동기를 부여하는데, 이럴 때 세일즈맨은 자부심과 에너지를 얻을 수 있다.

이런 과정들이 반복되면 자부심과 에너지는 더욱 커지고 세일즈맨은 더 많은 세일즈 성공을 경험할 수 있게 되어 만족감이 커져 더 행복해진다.

지금까지 설명한 5가지 중 하나라도 소홀하게 되면 세일즈맨으로서의 성공은 기대할 수 없다. 세일즈맨에게 가장 큰 적은 자기 자신이다. 위에서 제시한 방법은 세일즈맨 내부에서 일어나는 갈등을 해결하고 세일즈맨으로서 자신감을 갖는 방법이다.

자기 자신이 할 수 있다는 확신에서부터 상품에 대한 믿음까지 자신의 능력에 대한 불신, 일에 대한 불만족감, 낮은 자부심 등을 극복할 수 있는 효과적인 방법이 될 것이다.

제4부

세일즈 코칭 실전편 ❷
세일즈의 성과를 높여라

치밀한 준비를 거쳐 고객을 위한, 고객에 의한, 고객의 미팅을
성사시켜야만 거래가 마무리되었을 때
거래 당사자 모두 만족을 느껴 윈-윈의 결과를 얻을 수 있다.
서로 윈-윈한 결과는 새로운 관계로 이어져
또 다른 세일즈 성과를 높이는 바탕이 된다.

EASY
SALES

1. 전체 흐름을 이해하고, 단계별 포인트를 파악하라

세일즈에는 상대가 있다. 자기 혼자서 아무리 분석을 잘 하더라도 그것만으로 잘 할 수 있는 것이 아니다. 실제로 고객과의 커뮤니케이션을 통해 고객의 니즈와 감정을 파악하고 그것을 충족시킬 수 있게 만드는 것이 세일즈맨의 역할인 것이다.

성공적인 세일즈를 위해서는 단계별로 무엇을 어떻게 준비할 것인지를 기본적으로 알아야 한다. 준비가 부족해서, 혹은 장소를 잘못 선택해서, 잘못된 정보를 구해서, 첫인상을 좋지 않게 줘서 등 세일즈 그 자체의 문제보다 충분히 준비할 수 있는 것을 제대로 못해 세일즈에 실패한다면 낭패다. 얼마든지 나에게 맞게, 더 좋은 상황으로 만들 수 있다. 세일즈의 성공을 위해서 세일즈 프로세스를 익혀두고 프로세스에 맞는 준비를 하면 세일즈의 성공 가능성이 높아질 것임은 분명하다.

여기에서는 성공적인 세일즈를 위해 세일즈 프로세스와 커뮤니케이션 포인트를 설명하려고 한다. 먼저 세일즈 단계를 크게 6가지로 나눈다면 ① 세일즈 준비 ② 고객과의 인사 교환 ③ 정보의 공유 ④ 문제 다시 보기 ⑤ 해결안의 창출 ⑥ 합의와 행동 약속 등으로 구분할 수 있다.

세일즈는 다양한 요소를 필요로 한다

고객을 만나려는 세일즈맨이 있다. 이 세일즈맨은 무엇을 준비하면 될까? 고객에게 소개할 상품만 잘 알아두면 세일즈 준비가 끝났다고 생각하는 세일즈맨이라면 착각이다. 세일즈는 하드웨어와 소프트웨어로 구성되어 있다. 상품은 하드웨어다. 하드웨어를 제대로 작동시키려면 소프트웨어의 적절한 활용이 필수다. 우리가 컴퓨터를 사용할 때 문서를 작성하기 위해 사진이나 동영상 등 하드웨어의 기능을 제대로 살려줄 소프트웨어의 존재는 절대적이다. 세일즈 역시 다양한 소프트웨어가 기능해야만 제대로 된 성과를 낼 수 있다. 그 첫째가 바로 세일즈 준비이다.

세일즈 준비에는 고객과 미팅 전에 세일즈의 목적과 세일즈 진행 방법을 고민하는 것 외에도 세일즈 장소에 대한 준비도 포함된다. 미팅 장소의 선택뿐만 아니라 가구와 비품, 고객과 만나는 시간이 세일즈 성과에 어떤 영향을 줄 수 있는가를 미리 검토해 보는 것도 중요하다. 고객에게 영향을 주는 감정, 감정에 영향을 주는 장소와 분위기에 대해 섬세하게 고려하는 자세는 세일즈맨에게 필수다.

고객과 좋은 관계를 맺기 위해서는 인사나 긴장감 해소를 위한 일상적인 대화에도 신경을 써야 한다. 세일즈맨이 원하는 결과를 이끌어내기 위해서는 세일즈맨과 고객 모두가 정말로 원하는 니즈를 정확하게 이해하는 것이 중요하다.

정보 교환은 고객과 세일즈맨 모두에게 니즈를 이해하는데 큰 도움이 되기 때문에 반드시 이뤄져야 한다. 세일즈맨 입장에서는 고객으로부터 정확한 정보를 이끌어내는 것이 거래 성공의 핵심이기 때문에 질문과 경청을 통해 이를 잘 확인해야 한다. 고객은 신뢰관계가 형성되지 않은 세일즈맨에게는 자신의 정보 노출을 꺼려 마음의 문을 열지 않는다.

고객과 세일즈맨 모두 서로가 원하는 정보를 알게 되면 새로운 해결 방법이 떠오를 수 있다. 자동차 판매의 경우를 보자. 분명히 경제적으로 여유가 있는 고객에게 자동차를 판매하고자 방문했는데, 가족이 반대한다는 이유로 고객이 자동차 구입을 거절하였다. 이럴 경우 어떤 방법으로 해결할 것인가? 액면 그대로 거절의 이유만 듣고 물러난다면 고객에 대한 정보를 얻으려는 노력을 소홀이 한 것으로 볼 수 있다. 이 사례에 등장하는 세일즈맨은 개인적인 친분을 유지하고 고객에게 관심을 지속함으로써 결국 세일즈를 성공시킬 수 있었다.

자동차를 구매하지 않았지만 두 사람은 계속해서 친분을 쌓아가다 우연히 포장마차에서 술을 한 잔 할 기회가 생겼다. 이때 고객이 "나와 가장 친한 친구가 교통사고로 사망하는 것을 목격한 후부터 자동차가 무섭다.”고 고백했다. 결국 구매를 거절한 표면적인 이유는 가족의 반대였지만 실제로는 자신의 안전이 핵심적인 문제였던 셈이다.

이처럼 고객의 니즈를 파악하면 문제는 다른 모습으로 나타난다. 위의 사례에서 처음에는 ‘구매의 거절’이 문제였지만 고객의 니즈를 파악한 결과 ‘안전한 차’가 해결해야 할 과제가 된 것이다. 이처럼 문제를 다시 보게 된 경우 문제 해결을 위해서는 나와 상대방과의 차이를 발견하는 것이 아니라 공통점을 먼저 찾아보는 것이다. 이런 공통점을 바탕으로 상대방이 원하는 것과 내가 원하는 것 모두를 충족시킬 수 있는 방법을 자유롭게 탐색하는 것이다. 이때 서로에게 도움이 되지 않는 제안은 채택하지 않는다.

마지막으로 고객과 합의가 된 부분에 대해서는 실천 계획을 세워야 한다. 서로가 합의사항을 확인하고, 합의사항을 위한 행동 계획을 수립하고 실천하도록 약속한다. 그리고 고객과의 만남을 우호적으로 마무리하는 것도 중요하다.

세일즈맨과 고객은 자신의 욕구를 충족하기 위해 서로 협력할 필요가 있다. 거래가 마무리되었을 때 거래 당사자 모두가 만족감을 느껴야 윈-윈의 결과를 얻을 수 있다. 이렇게 모든 사람이 만족하는 거래를 협조적인 세일즈라고 한다.

〈 세일즈 대화 프로세스 〉

단 계	내 용
준비 단계	• 세일즈맨 나름대로 세일즈의 흐름을 시뮬레이션 해본다 • 협상 장소, 복장과 만나는 시간 등도 고려한다
신뢰 형성	• 인사와 일상적인 대화를 통해 라포(신뢰관계) 형성에 노력한다 • 상대의 세계관에 대해 관심을 갖는다 • 일상적인 대화에서 상대와의 공통점에 대해 표현한다
정보의 공유	• 입장과 니즈를 명확하게 한다 • 서로가 상대의 니즈를 이해한다 • 질문과 경청을 통해 파악한다
문제 다시 보기	• 서로의 니즈에 초점을 맞추어 "서로의 니즈를 충족시키기 위해 어떤 방법이 좋을까?"라고 질문한다 • 서로의 공통점을 찾아 표현한다
해결안 도출	• 문제 다시 보기에서 사용한 질문을 바탕으로 브레인스토밍을 한다 • 파괴적인 제안은 채택하지 않는다 • 공통점의 발견, 서로의 아이디어 전달, 기본적 경청과 건설적 제안에 초점을 맞춘다
합의와 행동 계획	• 합의사항을 확인한다 • 필요하다면 서면으로 작성한다 • 실시를 위한 계획서를 만든다 • 우호적으로 마무리한다

2. 유비무환, 지피지기를 기억하라

철저한 사전준비가 필요하다

공부를 할 때 사람에 따라 예습을 선호하는 사람과 복습을 선호하는 사람으로 구분할 수 있다. 세일즈의 경우 복습보다는 예습에 더 많은 시간을 투자해야 한다. 미팅 때 세일즈맨이 미처 생각하지 못한 질문이나 요구를 고객이 갑자기 하면 세일즈맨은 당황해서 제대로 대응하지 못하게 된다. 이런 상황을 방지하려면 세일즈맨은 고객에게 제안할 상품을 철저히 분석하고, 고객의 속성에 따라 예상되는 질문이나 요구를 미리 점검해 자신이 고객으로부터 얻고자 하는 결과에 대해서도 미리 생각해두어야 한다.

고객으로부터 어떤 정보를 얻어야 하는가? 상대방에게 무엇을 말해야 하는가? 이번 미팅에서 고객과 합의할 필요가 있는 것은 어떤 것인가? 등을 명확하게 인식해야 한다. 여기서 합의라고 하는 것이 계약 체결이면 물론 좋겠지만 반드시 계약 체결일 필요는 없다. 세일즈맨이 생각한 세일즈 과정을 진행하기 위해 고객과 약속하는 것만으로도 충분하다. 다음 미팅 일자를 정하거나 다른 협력자를 소개받는 등의 약속이면 다음 프로세스로 나갈 토대를 마련한 셈이다.

〈세일즈 준비에 필요한 기본 요소〉를 사용해 분석해 두면 고객과의 대화 과정에서 세일즈의 흐름을 쉽게 정리할 수 있다. 사전에 만든 분석시트는 어디까지나 자신의 생각만으로 만들어진 것이다. 프로세스에 맞춰 분석시트에 기록을 해두면 상대와의 대화를 통해 새롭게 발견한 사실과 미처 알지 못했던 상대의 니즈도 파악할 수 있다. 그러므로 이 자료는 고객과의 대화를 통해 수정할 수 있고, 수정해야만 하는 것이다.

중요한 것은 사실확인과 정보수집을 확실히 하기 위해서라도 세일즈맨 자신이 이해하고 있는 정보를 명확하게 해 두는 것이다. 그렇게 되면 고객에게 확인해야 되는 부분이 보이고 질문해야 할 것도 사전에 준비할 수 있게 된다.

〈 세일즈 준비에 필요한 기본 요소 〉

단 계	내 용
관 계	• 나와 고객과의 관계는 어떤가? • 나와 고객과의 관계가 어떻게 되기를 원하는가? • 좀 더 나은 관계를 위해서는 어떻게 해야 할까? • 우호적인 반응을 이끌어내기 위해서 어떻게 해야 할까? • 고객과 어떻게 앉아야 할까? • 고객에게 어떤 말투를 사용해야 할까?

의사소통	• 고객과 신뢰관계 형성을 위해 내가 할 수 있는 것은 무엇인가? • 고객의 말에 제대로 귀를 기울이고 있는가? • 고객이 말하는 요점은 무엇인가? • 나는 내가 원하는 것을 제대로 전달하고 있는가? • 지금 고객의 마음은 어떤 것일까? • 나는 어떤 기분을 유지하고 있는가? • 즐거운 기분을 만들기 위해 내가 할 수 있는 것은 무엇인가?
관 심	• 나의 가장 큰 관심은 무엇인가? • 고객의 가장 큰 관심은 무엇인가? • 고객과 나의 공통 관심사는 무엇인가?
대 안	• 고객이 나의 제안을 거부할 때 나는 어떻게 해야 할까? • 고객은 어떤 대안을 가지고 있을까?
결 정	• 나와 고객 모두 수용할 수 있는 결정은 어떤 것들인가? • 고객의 대안 중에서 내가 받아들일 수 있는 것은 무엇인가? • 계약 체결을 위해 나는 어떤 결정을 해야 하는가?

다른 사람의 협조를 구하라

사전분석을 보다 정밀하게 하고 싶다면 직장 동료 등의 협조를 구하는 것도 하나의 방법이다. 지금까지의 세일즈 과정을 설명하고 자신의 분석과 향후 진행 전략에 대해 설명한 후 동료의 코멘트를 구한다. 이때 동료가 고객의 관점에서 생각할 수 있는 점을 알려주면 더욱 효과적이다. 종종 세일즈 당사자는 자기 자신을 객관적으로 보기 어렵기 때문에 곁에서 보는 제3자가 더 객관적인 판단을 내릴 수 있다. 따라서 제3자의 코멘트는 자신이 인식하지 못하는 부분을 알려주는 효과도 기대할 수 있다.

역할극을 수행하라

좀 더 깊이 고객의 심리를 탐색해 보고 싶다면 다음과 같은 방법도 사용할 수 있다. 먼저 동료에게 고객과 현재까지 진행된 내용을 설명한다. 그리고 동료는 자신의 역할을 연기하고, 자신은 고객의 역할을 해보는 것이다. 이런 역할극을 통해 고객의 시각으로 자신을 객관적으로 살펴볼 수 있어 자신의 행동이 고객에게 어떻게 영향을 주고 있는지를 파악할 수 있다.

이 방법은 자신을 객관적으로 바라보고, 상대의 상황을 상상하면서, 새로운 전략을 수립하는데 매우 유효한 방법이다. 서양에서는 '상대의 신발을 신어 보라.', 우리에게는 '역지사지' 란 말이 있다. 자신의 관점으로 볼 수 있는 것과 생각할 수 있는 것에는 한계가 있다. 역할극을 하다 보면 세일즈 과정에서 발생할 수 있는 문제와 고려해야 할 포인트를 고객의 관점에서 폭넓게 생각할 수 있어 효과적인 세일즈 활동이 가능하게 된다.

분위기에 따라 상황은 달라진다

다음으로 우리들의 행동에 많은 영향을 주는 것은 장소의 분위기이다. 이런 이유로 우리들의 심리는 미팅 장소의 분위기에 영향을 받기 쉽고, 이런 심리는 행동에 영향을 미친다.

세일즈를 위한 대화에서 가장 중요한 것은 대화의 양이 아니라 대화의 질이다. 짧지만 서로에게 집중할 수 있는 분위기에서 대화를 하는 것과 시간은 길지만 어수선한 분위기에서 대화를 하는 것 중 어느 쪽이 더 효과적이겠는가? 아마도 세일즈를 경험해본 사람들은 어수선한 분위기에서 하는 대화는 효과가 떨어진다는 것을 느꼈을 것이다.

세일즈에서 긍정적인 결과를 얻기 위해서는 고객과 세일즈맨 모두 긍정적인 태도와 행동을 가져야 한다. 왜냐하면 긍정적인 태도와 행동을 만드는 것이 서로의 긍정적인 감정이고, 긍정적 감정은 바로 긍정적인 환경에서 비롯되기 때문이다.

협조적인 세일즈는 세일즈맨과 고객이 윈-윈을 목표로 하기 때문에 서로가 몰입하여 창조적인 결과를 만들어 내는 대화를 해야 한다. 이를 위해서는 당사자 모두가 서로 상대를 존중하고, 숨기는 것 없이 모든 정보를 공유할 수 있는 환경을 조성해야 한다. 장소의 선택, 넓이, 장소의 밝기, 가구 배치로부터 미팅 시간, 복장에 이르기까지 장소의 분위기를 형성하는 환경적 요소를 진지하게 고려할 필요가 있다.

미팅 성격에 맞는 장소를 선택하라

사람은 낯선 장소에 가면 심리적으로 불안감을 느끼게 된다. 많은 사람이 즐기는 축구나 야구 시합에서도 홈과 원정경기 때 선수들이 느끼는 심리적인 압박감은 분명 차이가 있다. 세일즈에서도 이런 심리가 유사하게 작용한다.

세일즈를 어떤 장소에서 하느냐에 따라 세일즈 결과에 큰 영향을 미친다. 상대 회사의 낯선 장소보다는 자신에게 익숙한 회사의 회의실에서 대화를 나누는 것이 훨씬 심리적으로 안정이 된다. 자신이 편안하게 느끼는 장소에서 대화를 진행하면 상대보다 심리적으로 우위에 설 수 있기 때문에 원하는 결과를 얻을 가능성도 더 커진다. 그러나 이렇게 하는 것에도 위험이 따른다. 내가 심리적인 우위를 차지한다면 반대로 상대는 심리적인 압박을 받게 되어, 서로 윈-윈의 결과를 얻는 것이 아니라 승-패가 갈리는 결과를 얻을 수도 있기 때문이다.

따라서 장소를 선정할 때 상대와의 지속적인 관계를 원한다면 상대를 세심하게 배려해야 한다. 어떤 면에서 선택한 장소의 환경은 자신이 상대를 어떻게 생각하고 있는지, 얼마나 배려하고 있는지를 나타내는 메시지 역할을 할 수도 있다. 이런 것은 의자와 책상의 배치를 포함한 가구와 조명과도 관련이 있다. 예를 들어, 자신은 목 받침대가 있는 회전의자에 앉으면서 상대방은 보조의자에 앉게 한다면 상대방의 기분은 어떨 것인가? 사이키 조명이 현란한 노래방에서 고객과 효과적인 상담이 가능하겠는가? 기본적으로 상대를 배려한다면 자신과 모든 조건을 같게 하는 것이 중요하다.

너무 넓은 방은 피하라

세일즈를 성공으로 이끄는 데는 미팅 장소의 넓이와도 관계가 있다. 세일즈맨 자신이 느끼는 거리감은 고객과의 친밀감, 대화의 주제와 관련이 있다.

고객과 세일즈맨과의 거리가 멀리 떨어진 테이블에 앉아 있다고 생각해보자. 거리가 멀면 멀수록 큰 소리로 말해야 한다. 목소리가 커지면 상대방에게 위협적으로 들릴 수 있기 때문에 차분한 대화를 지속하는 것이 어렵다. 이것은 주변환경과도 관련이 있다. 시끄러운 소음이 나오는 장소에서는 목소리를 높여야 하기 때문에 차분하게 상대와 대화하기에 어려움이 있다. 이처럼 대화가 어려운 경우에는 상대방으로부터 정보를 수집하는 것도 어렵기 때문에 좋은 세일즈 결과를 기대하기 어려워진다.

다음은 서로 마주 앉는 테이블의 경우를 보자. 거리가 가깝기 때문에 불필요하게 큰 소리를 내지 않아도 되고, 조심스러운 내용의 대화도 가능하다. 자료를 공유하거나 상대의 자료에 직접 펜으로 표시하며 내용수정도 가능하다. 필요한 경우에는 즉석에서 공동작업도 할 수 있다. 그러나 가까운 테이블이라 하더라도 책상을 두 개 나란히 붙여 놓은 경우, 책상 가운데의 경계선이 두 사람을 심리적으로 구분하는 벽으로 작용할 가능성이 있으므로 주의해야 한다.

우리가 많이 사용하는 원탁 테이블의 경우 책상이 하나라는 것에는 중요한 메시지가 담겨 있다. 고객과 내가 같은 테이블에 앉아 있다는 공통점을 만들어 낸다. 또한 책상에 각이 없기 때문에 친절함과 원만함을 느낄 수 있다. 그러나 원탁 테이블의 경우에도 원탁의 크기가 지나치게 크다면 거리감이 느껴질 수 있으니 주의하자.

장소에는 메시지가 담겨 있다

친숙한 장소가 우리에게 주는 심리적인 영향은 무시할 수 없다. 따라서 너무 세세한 부분까지 신경을 쓰지는 못하더라도 심리적으로 영향을 받을 수 있는 요소에 대해서는 염두에 두고 세일즈를 하는 것이 도움될 것이다.

다음 표는 미국의 문화인류학자 에드워드 홀이 미국의 중산층을 대상으로 연구한 조사 결과이다. 거리, 말하는 방법, 신체 접촉과 대화에 관한 것으로 친밀감을 이해하는데 도움이 될 수 있다.

거리 감각은 문화와 관습에 따라 다르지만 중요한 것은 서로를 존중하고 상대와 내가 느끼는 거리를 조금씩 좁혀가려는 노력이다.

〈 사람의 거리감 〉

대인거리	음성적 특징	신체접촉	말의내용
① 밀접한 거리 (0~0.5m 정도)	속삭이는 목소리	많다	비밀 업무(접촉에 의한 커뮤니케이션)
② 개인적 거리 (0.5~1.2m 정도)	조금 작은 소리	손을 뻗으면 만질 수 있고, 악수가 가능하다	개인적 대화
③ 사회적 거리 (1.2~3.5m 정도)	보통에서 조금 큰 목소리까지	별로 없다	업무적인 대화
④ 공적 거리 (3.5m 정도 이상)	큰 목소리, 마이크 사용	없다	공적인 대화

언제, 얼마나 대화할 것인가?

당신은 아침형인가? 저녁형인가? 사람마다 업무 성과가 좋은 시간대가 있다. 세일즈맨 또한 자신이 가장 효율적으로 일할 수 있는 시간대를 알아두는 것이 좋다. 머리가 맑아 아이디어가 잘 떠오르는 시간, 고객과 대화할 때 가장 집중이 잘 되는 시간 등을 알아두면 중요한 고객을 만날 때 효율적으로 임할 수 있기 때문이다. 대부분의 사람은 배가 고프면 집중력이 떨어지고, 신경질적인 반응을 보이기 쉽다. 따라서 좋은 세일즈를 위해서는 고객이 공복일 때를 피해야 한다.

사람의 집중력에는 한계가 있다. 집중력을 높이기 위해서는 호기심이 있는 것, 동기가 높은 것 등 심리적인 것과 피곤함 등 신체적인 것에 관심을 기울여야 한다. 자신이 별로 흥미가 없는 교육에 참석했을 때의 태도와 자신이 원하고 흥미가 있는 교육에서 보이는 태도에는 어떤 차이가 있을까? 최근 조사에 따르면 통상 자신이 관심을 갖지 않는 대화가 5분 이상 지속되면 집중력이 끊어져 버린다고 한다. 따라서 고객과 대화할 때 고객이 자신의 의견에 집중해주기를 바란다면 미팅 시작 후 1분 이내에 그 의견이 상대에게 얼마나 큰 관계가 있는지 전달해 상대가 관심을 갖게 만드는 것이 좋다.

일방적으로 요점 없는 이야기가 오랫동안 계속되면 상대의 집중력이 떨어진다는 것을 알고 있다면 자신의 의견을 말할 때 보다 섬세한 전략을 마련할 수 있다. 특히 세일즈맨이 고객을 설득하려고 할 때 일방적인 대화가 되기 싶다. 이럴 때는 적절한 때에 고객에게 질문을 던지는 등의 방법으로 상대방이 세일즈맨에게 집중할 수 있게 해야 한다.

적당한 온도와 조명을 확인하라

한여름 냉방 시설도 없는 방에서 어떤 대화가 가능할까? 아마도 더위에 온 신경을 빼앗겨 서로 대화하는 것 자체에 집중할 수 있는 시간이 지극히 짧아질 것이다.

우리는 오감을 통해 다양한 정보를 수집한다. 온도는 촉각과 관계가 있다. 눈앞에 있는 고객과는 청각과 시각을 사용하지만, 온도가 높으면 촉각으로부터의 정보에 신경이 쓰여 고객과의 대화에 집중할 수 없게 된다. 청각을 사용할 때도 듣고 싶은 것은 상대의 말이지 주변의 소음은 아니다. 회의장 밖에서 들려오는 공사 현장의 불쾌한 드릴 소리가 연속적으로 들려 그것에 신경이 쓰이면 대화에 집중할 수 없게 된다. 따라서 상대의 목소리를 잡음없이 들을 수 있는 조용한 환경을 마련하는 것이 중요하다.

시각적인 측면에서 본다면 조명도 굉장히 중요한 요소이다. 최근에는 파워포인트를 사용하기 위해 회의실을 조금 어둡게 하기도 하지만 어두운 방에서 상대와 대화를 하게 되면 상대의 표정도 잘 볼 수 없고, 왠지 불안해지기도 한다. 이처럼 조명은 우리의 심리에 큰 영향을 준다. 고객과 미래지향적인 대화를 원한다면 가급적 조명이 밝은 방을 선택하는 것도 도움이 된다.

그렇다고 모든 사람이 다 밝은 곳을 원하는 것은 아니다. 어떤 사람은 형광등 불빛을 싫어하기도 한다. 조명은 방 전체와 관련된 문제이기 때문에 섬세하게 조정 가능한 조명이 있는 장소라면 상담에서 좋은 결과를 가져올 것이다.

복장은 장소에 어울리는 것으로

직장에서는 직장에 어울리는 복장이 있다. 이를 위해 복장 규정을 두는 회사도 많다. 비즈니스에서도 비즈니스에 어울리는 복장이 있다고 믿는 사람이 많다. 그러나 업종이나 회사의 사풍, 속성에 따라 정도의 차이는 있다.

신뢰관계를 쌓기 위해서는 상대방과 일치하는 부분을 찾아야 한다고 앞에서 설명했다. 그런데 작업복을 입고 있는 생산 현장에 넥타이에 양복 차림을 한 세일즈맨이 방문하면 그 공장에 있는 대부분의 사람은 그 세일즈맨과 이질감을 느끼게 되고, 세일즈맨 또한 어딘지 모르게 그들과 심리적인 거리감을 느낄 것이다. 따라서 세일즈의 목적, 장소, 시간, 상대방의 문화적 상황을 고려해 복장을 선택하는 것이 중요하다.

복장은 세일즈에 임하는 사람의 태도를 반영한다. 사소한 것이지만 고객과 진정한 소통을 원한다면 고객의 속성에 적합한 복장을 하는 것이 진정한 세일즈맨의 자세라고 생각한다.

3. 고객과의 신뢰 형성이 관건이다

미팅이 시작될 때 하는 잡담은 서로의 공통점을 이해하고 긍정적인 심리상태로 만들어준다.

실제 세일즈 대화를 시작할 때 무엇부터 시작하는가? 테이블에 앉자마자 본론을 이야기하지 않는다. 먼저 인사부터 할 것이다. 처음 만나는 경우에는 명함을 교환하고, 자기를 소개하고 나서 바로 본론에 들어가는 경우는 드물다. 날씨나 취미 등 일상적인 대화를 나누면서 서로를 알아가는 시간을 갖는 것이 중요하다. 경우에 따라서는 식사를 같이 하기도 한다.

이런 일련의 과정이 세일즈에서 필요한 것일까? 많은 사람이 결코 불필요한 시간은 아니라고 대답할 것이다.

협상 상대를 알라

사람은 다양한 성격을 가지고 있다

우리가 흔히 말하는 인격, 성격이라는 것은 결코 한 가지로 규정할 수는 없다. 업무적으로는 굉장히 엄하게 부하를 대하는 상사가 가정에서는 다정한 애처가의 모습으로 쓰레기 분리수거를 돕기도 한다. 지금은 후배를 엄격하게 대하는 상사이지만 학창 시절에는 다정한 선배였다고 기억하는 후배도 있을 수 있다.

어떤 사람이라도 상황과 인간관계에 따라 다양한 모습을 보일 수 있다. 고객은 업무적인 만남보다는 개인적인 만남에서 개인적 상황, 세계관, 니즈 등의 단서를 드러낼 가능성이 높으므로 세일즈맨은 고객의 다양한 모습을 보면서 이해해야 세일즈 성공 확률을 높일 수 있다. 따라서 상대를 이해한다는 것은 보다 다양하고 폭넓게 개인을 관찰하고, 그 사람이 어떤 상황에서 어떤 결단, 행동을 취할까를 상상하는 것도 포함된다. 세일즈맨이 이런 과정을 통해 고객을 다양하게 관찰하고 행동 패턴을 연구해 고객과 자신의 공통점을 찾아둔다면 고객과의 신뢰관계를 형성하기가 훨씬 더 수월할 것이다.

식사를 접대로 이해하고 상당히 부담스러워 하는 세일즈맨도 있다. 식사를 그저 먹고 마시는 유흥의 자리가 아니라 사무실에서 알지 못했던 고객의 정보를 수집하는 장이고, 상대에게 집중적으로 내가 원하는 정보를 전달할 수 있는 장소라는 것으로 이해하면 좀 더 편안해지면서 부담이 줄어들 것이다.

결국 세일즈의 성과를 높이기 위해서는 상대의 정보를 폭넓게 수집하여, 상대방을 정확하게 이해하고 세일즈맨과의 공통점을 발견하여, 그 공통점을 바탕으로 고객의 신뢰를 쌓고 고객의 이해를 바탕으로 최적의 상품을 제안해야 한다.

대화의 룰을 정하라

상대와의 간단한 대화가 끝나고 본격적인 업무를 시작할 때 서로 확인해야 할 것이 있다. 특히 서로를 잘 알지 못할 때 그 필요성이 더 크다. 세일즈맨의 입장에서는 충분한 시간을 갖고 자신이 원하는 것을 전부 말하고 싶겠지만 고객의 입장은 다를 수 있다. 고객이 10분 후에 중요한 보고를 해야 하는데 미팅을 부탁한 세일즈맨의 체면 때문에 초조한 마음으로 미팅에 응할 수도 있기 때문이다.

세일즈라는 것은 하나의 시합으로, 이 시합에 참가하는 세일즈맨과 고객은 서로가 공통적으로 룰을 알아야 한다. 특히 대화 상대가 많을 경우에는 룰을 정할 필요가 더 크다. 알아둬야 할 대화의 룰은 다음과 같은 것이다.

- 미팅의 목적
- 토의 항목
- 소요 시간
- 의사 결정 방법

물론 개인 대 개인으로 만나는 경우, 일부 항목이 생략될 수 있지만 기본적으로는 위의 항목에 대해 서로의 규칙을 알고 시작하는 것이 효율적이다. 예를 들어 자동차를 구입할 경우, 의사 결정이 단순히 가장이 결정하면 되는 것인지, 가족 전체의 합의가 필요한 것인지에 따라 세일즈 방법이 달라질 수 있기 때문이다.

미팅의 목적을 확인하라

한두 번의 만남으로 세일즈의 결과가 나오지 않는다. 서로에게 도움이 되고 효율적으로 세일즈를 진행하려면 세일즈의 단계를 생각해야 한다. 미팅의 목적을 상대에게 전달하는 것은 상대에게 어떤 방향성을 갖고 어떤 기대를 하고 있는지를 표시하는 것이다.

협조적인 세일즈는 장기적인 신뢰관계를 고려한 상태에서 서로의 현재 상황을 이해하고, 서로에게 만족할 수 있는 결과를 도출하기 위한 의견교환을 목적으로 한다. 목적을 전달하는 것은 서로에게 어떤 방향성을 갖고, 어떤 기대를 하고 있는지를 나타내는 것이다. 서로에게 도움이 되는 결과를 위해 정보를 교환하고 서로 기탄없이 자기의 생각을 드러내는 것이 정말로 중요하다.

무엇을 이야기할 것인가?

협조적인 세일즈를 성공리에 마무리하기 위해서는 끊임없이 현재 상태와 원하는 상태를 점검할 필요가 있다. 목표에 도달하기 위해 현재 상태를 점검해보면 분명히 부족한 부분이 생길 것이다. 이것을 바탕으로 세일즈맨과 고객과의 만남에서 부족한 부분을 채우기 위해 필요한 정보를 얻거나, 자료를 제공하는 등의 행동을 해야 한다.

특히 토의 항목을 정할 때 고객을 참여시키는 것이 좋다. 고객의 동의 없이 세일즈맨에게만 필요한 내용을 항목으로 정하면, 고객은 세일즈맨이 일방적이라는 느낌을 받아 마음의 문을 닫을 수 있기 때문에 토의 항목을 정할 때는 반드시 고객과 합의해야 한다.

고객의 시간에 맞추라

고객과의 미팅 목적이 분명할수록 미팅에 필요한 시간도 측정이 가능하다. 세일즈맨의 입장에서 항상 고객과 충분한 시간을 갖기를 원하겠지만 고객의 입장에서는 부담스러울 수 있다. 또 세일즈맨이 뚜렷한 목적이나 충분한 준비 없이 고객과의 미팅을 갖게 되면, 고객은 점차 그 시간이 본인에게 불필요하다고 느끼게 되면서 세일즈맨과의 만남을 거부할 수도 있다. 그러므로 고객을 만나는 목적을 명확히 하고, 목적에 따라 시간을 확보해야 한다.

특히 처음 만나는 고객일수록 각별한 주의가 필요하다. 세일즈맨을 처음 만나는 고객은 경계심을 크게 갖게 마련이다. 이런 고객을 대상으로 목적도 불분명하고, 고객을 배려하지 않고 시간을 끄는 미팅을 한다면 고객은 자신에 대한 배려 없이 일방적으로 자신의 시간을 뺏는 세일즈맨에 대해 유쾌하지 못한 기분을 느낄 것이고 고객의 이런 기분은 세일즈맨과의 관계 맺음에 부정적인 영향을 미치게 된다. 따라서 세일즈맨은 자신의 목적을 고객에게 분명히 말하고 미팅에 필요한 시간이 어느 정도인지를 미리 알려준다면 고객도 편안한 마음으로 세일즈맨을 대할 수 있을 것이다.

누가 최종 결정권자인지를 파악하라

지금 내가 만나는 고객의 결정에 따라 구매가 완료되는지 아니면 주변 사람의 동의가 필요한가에 따라 세일즈맨의 전략도 바뀌어야 한다. 이런 의사결정 과정에 대한 정보가 부족하게 되면 세일즈맨이 아무리 열심히 노력하더라도 좋은 결과를 기대할 수 없게 된다. 따라서 세일즈맨이 구매에 대한 최종 의사 결정을 누가 어떻게 내리는가를 미리 알 수 있을 때 비로서 효과적인 세일즈가 가능하게 된다.

건강에 관심이 높아지면서 많은 사람이 찾는 정수기의 예를 보자. 기능과 성능을 중요시하는 남편과 디자인에 관심이 많은 아내가 있는 가정에서 남편을 대상으로 세일즈를 한다고 가정하자. 이때 다른 세일즈맨이 부인을 대상으로 동시에 세일즈를 하고 있는 경우라면 더욱 그렇다. 세일즈맨이 아무리 남편과 관계가 좋고 제품에 대한 호감도가 높다 해도 집안의 의사결정권이 부인에게 있다면 남편과 친한 세일즈맨의 노력은 물거품이 될 가능성이 높다.

따라서 세일즈를 할 때 구매의 의사 결정이 어떤 방법으로 결정되는지를 조심스럽게 탐색하여 필요하다면 세일즈 대상을 확대하거나 축소해야 한다.

4. 실질적인 세일즈의 진행 방법

서로의 니즈를 공유하라

세일즈맨이 고객에게 인사하는 것은 상대를 신뢰하고, 존중하는 기분이라는 것을 언어적, 비언어적으로 알려주는 도구이다. 상대가 신뢰할 수 있고, 상대에게 중요한 정보를 제공해도 된다고 믿을 때 친절하고 예의 바른 대화를 하려고 한다. 세일즈 전에 상대와 이런 심리 상태를 만드는 중요한 첫 번째 행동이 인사라고 할 수 있다.

고객과 인사하고 서로가 최선의 결과를 위해 노력하겠다는 대화의 목적을 확인하고, 대화의 룰에 합의한 다음 실질적인 대화에 들어간다. 이 단계에서는 서로의 입장을 이해하고 같은 입장을 취하고 있는가를 명확하게 하는 것이 중요하다.

상대의 입장을 이해하게 되면 서로가 정보를 제공하고 수집하는 것이 가능해 정보가 공유되기 시작한다. 그것을 위한 커뮤니케이션 스킬은 자신이 알고 있는 사실과 자기 자신의 감정을 상대의 기분을 해치지 않고 전달해 가는 것, 그래서 상대를 보다 깊이 이해하기 위한 정확한 질문을 해나가는 것이다.

정보를 서로 공유하는 것이 중요한 이유는 정보량을 늘림으로써 세일즈를 성공시키기 위한 본질 파악에 한 걸음 더 나아갈 수 있기 때문이다. 가장 먼저 해야 할 일은 자신이 확인한 사실에 대해 고객으로부터 확인을 얻어 사실을 일치시키는 것이다. 그렇게 되면 세일즈맨이 세울 수 있는 대책도 구체적으로 세우기 쉽게 된다.

구매를 하는 근본적인 동기인 니즈를 충족시키지 못하면 세일즈는 성공할 수 없다. 고객과 세일즈맨 모두가 서로의 니즈를 탐색하는 것이 아니라 서로의 입장만을 말한다면 의견이 평행선을 달리게 되어 성공 가능성이 낮아진다.

세일즈 과정에서 고객의 의견과 이해관계가 대립될 때는 상대와의 차이점을 먼저 의식하게 되지만 성공적인 세일즈를 위해서는 공통점을 찾아내는 것이 중요하다. 예를 들어 세일즈맨이 지금 바로 판매를 목적으로 제품을 권했는데 고객이 "6개월 후에 여유가 있으니 그 때 구입하고 싶다."고 말하면 세일즈맨이 원하는 '지금'과 고객이 원하는 '6개월 후'라는 기간에 대한 차이가 생긴다. 이럴 경우에는 고객과 세일즈맨이 '차이'에 대해 관심을 갖기 보다는 '구매에 동의한다'는 공통점에 초점을 맞추어 대화를 진행한다면 세일즈를 성공시킬 가능성이 높아지게 된다.

다시 한 번 고객의 니즈를 확인하라

　정보 공유화 단계에서 입장의 배경이 되는 니즈에 대해 다양한 정보가 나올 수 있다. 정보를 정리하고 해결해야 할 과제를 분류하고 서로의 니즈를 만족하기 위해 해야 할 포인트를 명확하게 해결해 간다. 고객과의 정보 공유가 충분히 되었다면 해결해야 할 문제를 새롭게 보는 것은 오히려 수월하다.

　만일 문제를 다시 보는 것이 가능하지 않다면 정보 공유 단계로 되돌아가 철저하게 고객의 입장에서 고객의 니즈를 다시 파악해야 한다. 세일즈맨이 자신의 조급한 상황으로 인해 결론을 성급하게 추측하면 안 된다. 핵심이 되는 고객의 니즈를 파악하지 않는 한 고객을 만족시키는 방법을 찾아내기는 어렵기 때문이다.

　앞에서 다룬 정수기 사례를 보자. 남편은 성능을, 부인은 디자인을 중시한다고 한 것은 겉으로 드러난 이유이다. 하지만 남편이 성능을 중요시하는 이유와 부인이 디자인을 중요시하는 이유의 뒷면에는 다른 이유가 있을 수 있다. 남편이 성능을 강조하는 것은 정수기에서 불순물이 검출되었다는 보도로 가족의 건강이 걱정되었기 때문일 수도 있다. 부인이 디자인을 중요시하는 것은 기존에 있는 주방 가구와의 조화를 통해 자신의 미적 감각을 뽐내고 싶어 하기 때문일 수도 있다.

　또 서로가 해결해야 할 니즈가 파악된 후 그것들을 연결시키는 질문으로 만들면 다음 해결안 도출을 위해 자유로운 토론을 하기 쉽다. 서로의 니즈를 연결시키는 질문을 만드는 방법은 "고객님의 (니즈)가 충족되고, 저의 (니즈)도 만족시키기 위해서 무엇을 할 수 있을까요?"라는 문장으로 채워보면 좋을 것이다. 여기서 고객의 니즈와 세일즈맨의 니즈에는 차이가 있다.

해결안을 찾아내라

서로의 니즈가 확실히 파악되고, 문제를 다시 보기 위한 질문이 만들어지면 그 해결안을 함께 만들어 가는 단계에 들어간다. 이 단계에서 고객과 세일즈맨은 주어진 과정을 협력하여 해결하는 같은 팀이 된다. 결국 '고객' 과 '세일즈맨' 의 관계가 아닌 '우리' 의 관계가 되어 해결에 몰두하는 것이다. 따라서 서로의 니즈를 만족시키기 위해 서로가 할 수 있는 것을 건설적 제안과 함께 만들어 내는 것이 제1단계이고, 다양한 건설적 제안늘을 수렴하여 가장 좋은 해결안을 완성해 가는 것이 제2단계가 된다.

건설적 제안은 문제 해결을 위해 자신이 할 수 있는 것을 상대에게 제안하는 것이지만, 단순히 자신이 가지고 있는 시간과 자금뿐만이 아니라 창조적인 아이디어도 포함할 수 있다. '이 아이디어를 말해도 상대가 받아들일 수 없을 것이다.', '나의 아이디어는 너무 평범한 것이어서…….' 라고 생각해 발언을 주저할 필요가 없다. 사람은 다양하게 다른 경험을 하고 다른 관점을 지니고 있다. '세 사람이 모여 상의하면 문수보살 같은 지혜가 나온

다.’는 외국 속담처럼 고객과 세일즈맨이 서로 합심하여 문제를
해결하기 위한 아이디어를 만들다 보면 보다 좋은 해결책을 찾아
낼 수 있다. 예를 들어, 앞에서 설명한 정수기처럼 자신의 집에
설치가 안 되면 그 정수기를 필요로 하는 자신의 지인이나 부모
님 댁에 대신 설치하는 아이디어를 찾을 수도 있는 것이다.

합의내용을 구체화하라

함께 만든 아이디어를 검토해 서로에게 실행 가능한 것을 선택
하는 쪽으로 합의가 만들어진다. 필요할 경우 내용을 메모하여
서로가 확인하는 것도 하나의 방법이 된다. 혹시나 나중에 생길
수 있는 불필요한 분쟁을 막을 수 있고, 서로의 약속을 확인하는
방법이 될 수 있기 때문이다. 이 약속은 서로가 합의한 내용이기
때문에 실행으로 옮겨질 가능성도 높고, 서로에 대한 신뢰도 높
일 수가 있다.

실행 계획을 적는 방법은 편한 대로 작성하면 되지만 다음의
세 가지 포인트는 반드시 명기해 둘 필요가 있다. 즉, ‘누가, 무엇
을, 언제까지’를 확실하게 해 두면 서로가 책임감을 느끼면서 구
체적인 행동으로 옮길 가능성이 커진다.

클로징

“끝이 좋으면 모든 것이 좋다.”는 말이 있다. 아무리 시작이 좋

았다 하더라도 마무리가 깔끔하지 못한 것보다 비록 시작이 좋지 않았어도 원만한 마무리를 한 것이 더 좋은 이미지로 기억되기 때문이다. 세일즈에서 서로 의견차이로 대립했던 상대도 서로의 니즈를 충족시킨 해결책이 만들어지면 서로가 같은 성공 체험을 가질 수 있다. 이런 경험의 공유화는 서로의 유대감을 깊게 만든다. 그러나 이 과정에서 성급하게 거래를 성사시키기 위해 무리한 클로징을 시도하면 거래의 단절뿐만 아니라 인간관계의 단절로 이어질 수 있다는 것을 명심해야 한다.

앞에서 언급한 정수기의 예를 보면 부인이 남편의 동의 없이 자신의 지인에게서 갑자기 구입한 경우처럼 서로의 사정에 의해 도중에 세일즈를 중단해야 할 때가 있다. 그럴 때에는 지금까지의 시간을 서로가 이해하고 협력했던 사실에 초점을 두고 고객에게 감사의 인사를 한다.

세일즈를 성공시키지 못한 것이 인간관계의 단절을 의미하는 것은 아니다. 거꾸로 말하자면 클로징은 거래의 종료가 아니라 새로운 시작이다. 대화를 통해 상대에 관한 정보의 양과 이해는 전보다 더욱 깊어졌다. 서로의 노력을 서로 인정하는 것은 고객과 세일즈맨 모두의 심리에 긍정적 영향을 주어 이후의 관계 유지에 많은 도움이 될 것이다.

제5부

세일즈 코칭 실전편 ❸
세일즈는 커뮤니케이션이다

세일즈맨은 고객과의 소통을 가장 중요하게 생각해야 한다.
고객의 욕구를 이해하고 고객의 마음을 읽을 수 있는
커뮤니케이션이 이 시대 세일즈맨의 필수 요건이다.
세일즈맨이 원하는 것이 아니라 고객의 마음을 먼저 이해할 수 있다면
세일즈는 점점 성공에 가까워질 것이다.

EASY
SALES

　세일즈맨이 세일즈를 할 때 사용하는 도구 중 가장 많이 사용하는 것이 대화이다. 사실상 대화가 세일즈의 성패를 좌우한다고 하더라도 과장이 아닐 것이다. 하지만 세일즈맨들이 아무리 열심히 상품에 대해 설명하더라도 세일즈맨의 열정과 고객의 구매가 비례하는 것은 아니다.

　열정과 구매가 비례하지 않는 이유는 세일즈맨의 환상 때문에 생긴다. 많은 세일즈맨들이 '내가 열심히 설명을 하면 고객은 내가 판매하는 상품의 좋은 점을 이해하고, 물건을 구입할 것이다.'라고 자신한다. 즉 '나는 내가 원하는 것을 고객에게 제대로 전달할 수 있다.'고 생각하는 것이다.

　그러나 입장을 바꿔 본인들이 고객의 입장이 되어 물건을 구매할 때를 생각해보자. 세일즈맨이 어떤 말을 할 때 본인이 물건을 사는가? 나의 단골은 어떤 공통점이 있는가? 그 대답은 아마도 '마음이 통하는 사람' 일 것이다. 이처럼 세일즈맨이 가장 중요하게 생각해야 하는 것은 고객과의 소통이다. 세일즈맨이 원하는 것이 아니라 고객의 마음을 먼저 이해할 수 있다면 세일즈는 점점 성공에 가까워질 것이다.

　이 장에서는 먼저 세일즈맨이 고객과의 대화에서 제대로 소통이 되지 않는 이유를 살펴보고, 어떤 커뮤니케이션이 세일즈에 도움이 되는지를 살펴보도록 한다.

1. 자칭 커뮤니케이터의 착각

세일즈맨들이 가장 고민하는것 중 하나가 바로 고객과의 소통이다. 고객과의 만남은 호의적이지만 계약으로 연결되지 않는다거나 고객과의 갈등으로 인해 힘들어하는 것까지, 소통으로 인해 생기는 고민은 다양하다.

많은 사람은 자신들이 상당한 커뮤니케이션 능력을 가지고 있다고 생각한다. 특히 세일즈맨들은 더욱 그런 경향이 있다. 이러다 보니 스스로 커뮤니케이션에 대해 잘 알고 있다고 생각하게 되고 자신의 대화 방법에 대해 수정할 필요성을 느끼지 못하게 된다. 왜냐하면 소통이 되지 않는 가장 큰 이유는 상대방이 문제라고 생각하기 때문이다. 세일즈가 이루어지는 현장을 보면 대부분 세일즈맨이 일방적으로 말을 하고 고객은 주로 듣기만 한다. 많은 세일즈맨들이 대화란 '고객에게 제품을 설명하는 시간' 이라고 생각한다. 대화의 개념을 이렇게 생각하고 있기 때문에 좀 더 효율적인 커뮤니케이션 방법을 배울 수 있는 기회가 줄어들고 있다.

우리가 흔히 학습효과라고 하는 것은 스스로 자신의 부족한 부분을 인식하고 배움을 통해 자신의 부족함을 메우려 할 때 비로소 나타나는 것이다. 아무리 탁월한 방법을 설명하더라도 배우는 사람이 그것을 받아들일 준비가 되어 있지 않으면 소용이 없다. 따라서 이 장에서는 미스커뮤니케이션이 발생하는 이유를 살피고 그것을 해결하는 방법에 대해 설명하고자 한다.

정보가 생략된다

우리가 일상적으로 접하는 영화의 상영 시간은 90분~120분 정도일 것이다. 영화를 보고 다른 사람에게 영화의 내용을 전달할 때 걸리는 시간은 어느 정도인가? 모든 사람이 실제 영화의 상영 시간보다 상당히 짧게 설명할 것이다.

영화를 보고 감동적인 장면을 다른 사람에게 전달하려고 할 때 대부분 말로 표현한다. 먼저 내가 체험을 하고 그 체험을 말로 설명하게 되는 것이다. 실제로 나의 체험에는 많은 정보가 담겨 있지만 말로 표현할 수 있는 것은 그 중 일부분이기 때문에 많은 정보가 생략되는 것은 필연적이다.

이것이 세일즈에 적용되는 사례로 생활의 필수품이 된 휴대전화의 경우를 보자. 일부 사람을 제외하고 휴대전화의 기능을 전부 이해하고 활용하는 사람은 드물 정도로 기능이 복잡해지고 있다. 이렇게 복잡한 휴대전화를 구입할 때 기능에 대해 처음부터 끝까지 설명을 듣고 구입하는 경우는 드물다. 아주 기본적인 부분만 설명을 듣던가 아니면 아예 듣지 않고 구입할 것이다. 이것 또한 휴대전화의 기능에 대한 정보가 생략되는 사례이다.

보험 상품의 경우를 살펴보자. 미래에 발생할 가능성이 있는 위험을 보장하는 상품의 특성상 발생 가능한 위험에 대해 세부적으로 기록하고 설명하는 것은 애초부터 불가능에 가깝다. 이러다 보니 포괄적으로 보장 범위를 약관에 기록하게 되고, 세일즈맨은 나름대로 자신이 중요하다고 여기는 부분에 대해서만 고객에게 설명하게 된다. 고객도 세일즈맨이 하는 많은 설명 가운데 자신이 필요한 부분만 선택해서 듣게 된다. 이렇게 설명을 선택적으로 듣게 되면 나중에 보험 사고가 발생했을 때 보험 세일즈맨과 다툼이 생기게 된다. 가장 흔한 것이 상품의 내용을 설명했는가, 하지 않았는가인데 이런 일들이 생기는 이유가 바로 대화를 하는 과정에서 정보가 생략되기 때문이다.

사람마다 다르게 이해한다

필자가 강의에서 자주 사용하는 방법인데 아래의 내용을 읽고 교육생들이 그 내용대로 그림을 그리는 것이다.

깊은 산속에 오솔길이 있습니다. 오솔길 옆에는 바위 두 개가 나란히 있고, 바위 옆에는 소나무가 있습니다. 그 소나무 뒤로 오두막이 있습니다.

이 작업을 하고 그림을 비교하면 같은 그림을 그리는 교육생들이 없다. 대부분 자신이 경험한 산속 모습을 떠올리면서 그림을 그린다. 말하는 사람이 어떤 말을 하면 듣는 사람은 자신이 경험한 이미지를 무의식적으로 떠올리면서 이해한다. 즉, 말을 듣는 사람이 그것을 과거 자신의 경험과 체험에 결부시켜 이해하고 있는 것이다.

예를 들어 세일즈맨이 자동차를 구매하는 고객에게 상품을 설명하면서 "이 차는 안전한 차입니다."라고 설명했다고 가정해보자. 과거 교통사고로 심한 부상을 당해 고통을 경험한 고객은 과거의 교통사고를 머릿속에 떠올리면서 '안전'을 가장 중요한 구매 요소로 판단하겠지만, 고속도로에서 빠른 속도로 드라이브를 하는 모습을 머릿속에 그리고 있는 사람은 안전한 차보다는 빠른 차를 원하기 때문에 오히려 호감도는 떨어질 것이다.

결국 미스커뮤니케이션이 발생하는 원인도 유사하다. 예를 들어 무대에서 무용을 하는 사람이 장미꽃을 표현하더라도 관객이 그것을 장미로 받아들일 수도 있고 해바라기로 받아들일 수도 있다. 즉, 그것을 보는 사람은 각자 다른 것으로 보고 이해하게 되는 것이다. 더 큰 문제는 받아들인 내용이 표현한 사람과 의미가 일치하는지에 대한 확인 절차가 없다는 것이다. 이처럼 언제나 당연한 것으로 생각하고 있는 커뮤니케이션에 우리가 깨닫지 못한 빈틈이 있다.

이것이 세일즈에서는 어떻게 작용하고 있는가? 세일즈맨이 상품을 설명하게 되면 고객은 무의식적으로 자신이 경험한 유사 제품을 떠올리면서 세일즈맨이 설명하고 있는 상품과 비교하게 된다. 결국 고객이 과거에 경험한 제품의 사용 결과가 지금 세일즈맨이 판매하는 상품의 구매에 영향을 미치고 있는 것이다. 따라서 세일즈의 성공을 향상시키기 위해서는 세일즈맨이 고객과의 만남에서 과거 유사한 제품을 사용한 경험이 있는지를 먼저 탐색하고, 그것이 고객에게 어떤 영향을 주었는지를 탐색해 적절하게 대응할 필요가 있다.

듣는 사람은 자신의 잣대로 듣는다

우리는 같은 것을 보더라도 보는 사람에 따라 다르게 인식한다. 어떤 사건이 일어났을 때 각기 다른 해석을 하는 경우가 흔히 있다. 예를 들어 평소와는 다르게 피곤한 모습으로 출근했을 때 이런 모습을 본 사람들의 반응은 다양하다. 부부관계에서부터 자녀, 친구들과의 관계 등 자신들의 경험 안에 있는 모든 지식들을 동원하여 그 원인을 추측한다. 저녁에 커피를 많이 마신 것 때문에 잠을 제대로 못 자 피곤하다는 말을 듣게 되면 결과적으로 자신의 추측이 틀렸다는 것을 알고 실망하게 된다.

이처럼 우리가 어떤 사물을 있는 그대로 보는 것이 아니라 자신의 잣대를 통해 자기 나름의 관점으로 파악하는 것을 왜곡이라고 한다. 그러면 이런 왜곡 현상은 왜 발생하는 것일까?

각자의 잣대가 차이를 만든다

유명한 영화 〈타이타닉〉을 본 사람들에게 어떤 장면이 가장 인상적이었냐고 질문을 하면, "주인공이 뱃머리에서 손을 벌리고 있는 장면", "배가 침몰할 때까지 연주하고 있는 악단의 모습", "남자 주인공이 물속에 잠기는 모습" 등 다양한 답을 내놓는다.

같은 것을 보더라도 이처럼 이해가 다른 것은 무엇 때문일까? 그것은 앞에서 설명한 것처럼 사람은 사물을 있는 그대로 보는 것이 아니라 자신의 잣대로 사물을 보기 때문이라고 할 수 있다. 결국 사물을 왜곡해서 보고 있는 것이다.

사람에 따라 성장 환경, 경험, 교육 받은 정도 등이 모두 다르기 때문에 가치관이 달라진다. 이렇게 다른 가치관이 잣대가 되어 같은 것을 보더라도 서로의 잣대가 다르기 때문에 이해의 결과도 달라진다. 결국 사물의 실제 모습을 보는 것이 아니라 자신의 잣대로 임의대로 색을 입히고 난 다음, 색을 입힌 사물을 보고 자기 나름대로 판단하는 것이다. 이렇게 사람마다 나름대로의 잣대가 있어 자신도 인식하지 못하는 사이에 사물을 왜곡해서 바라보고 있는 것이다.

앞에서 잠깐 설명한 보험 상품의 경우를 보자. 질병을 보장해 주는 상품의 경우 질병의 종류에 따라 보장 내용이 달라지는데, 보험 세일즈맨이나 고객이 질병에 대해 전문지식이 아주 뛰어난 것은 아니기 때문에 고객에 따라 설명하는 정도가 달라야 한다. 의사에게는 아주 간략하게 전문 용어를 사용하여 말하더라도 충분한 소통이 될 수 있는 반면 의학 지식이 전혀 없는 일반인들에게는 아주 자세한 설명이 요구되는데 세일즈맨의 기준이 아니라 고객의 지식이나 경험을 기준으로 설명하지 않으면 분명히 고객은 이해하지 못할 것이다. 따라서 세일즈맨은 고객과 대화할 때 고객이 어떤 잣대를 사용하여 자신과 대화하고 있는지를 인식하고 그것에 자신의 눈높이를 맞추는 것이 절대적으로 필요하다.

선입견이 왜곡을 만든다

강의를 할 때 강사의 입장에서 보면 교육생의 반응이 굉장히 중요하다. 강사가 열심히 설명하고 있는데 교육생이 졸거나 반응이 없으면 강사 스스로 실망하고 좌절하면서 강의에 대한 평가가 좋지 않을 것이라 생각한다. 그러나 강의 중에 반응이 없었지만 강의에 대한 평가가 굉장히 좋을 때도 있고, 비록 강의 중에는 반응이 호의적이었지만 평가가 좋지 않은 경우도 있다. 이와 같이 실제의 평가가 아닌 교육생의 반응만 보고 좌절하는 것은 강사의 마음에 '반응 = 강의 평가' 라는 인식이 있기 때문이다.

세일즈맨의 경우도 유사하다. 세일즈맨이 고객을 만날 때 가장 관심을 갖는 것 중 하나가 '이 고객이 나와 거래할 가능성이 있을까?' 일 것이다. 또한 세일즈를 시작하는 사람들에게 세일즈 매니저는 "가망이 없는 고객에게 매달리지 말고 가망 있는 고객을 많이 발굴하라."고 강조한다. 그런데 여기서 드는 의문이 있다. '가망 있는 고객과 가망 없는 고객의 기준' 은 무엇이며 '누가 그것을 판단할 수 있는가?' 이다. 필자의 세일즈 경험을 토대로 다양한 고객을 크게 두 가지로 나눈다면 '모든 사람에게 친절한 고객' 과 '모든 사람에게 친절하지 않은 고객' 으로 나눌 수 있다.

모든 사람에게 친절한 고객은 사람과의 관계를 중요시하기 때문에 누구에게나 친절하다. 이런 사람을 만난 세일즈맨은 그 사람의 진짜 속마음을 모르고 '아, 저 사람은 내가 판매하고 있는 상품에 관심을 가지고 있구나.' 라고 혼자 생각하게 되고, 그 사람을 가망고객 리스트에 올려놓는다.

반면 '누구에게나 불친절한 사람' 의 경우를 보자. 이 사람은 본인의 이익과 직접적으로 관계되지 않은 경우 누구에게나 불친절한 사람이다. 이런 고객을 만난 세일즈맨은 '아, 저 사람은 나에게 호감을 보이지 않는 것을 보니 거래하기 어렵겠구나.' 라고 단정 짓고 그 사람과 관계 맺으려는 노력을 포기하게 된다.

이렇게 고객을 자기 자신의 기준으로 분류할 때 어떤 문제가 발생할까? 필자가 지켜 본 많은 세일즈맨은 자신의 기준에 의해 가망고객과 그렇지 않은 고객으로 분류하고 '이번 달에는 이 고객들을 대상으로 성과를 내야겠다.' 고 결정한다. 그런 후 누구에게나 친절한 고객들을 집중적으로 만나 영업을 하지만 기대에 미치지 못하는 성과로 인해 실망하게 된다. 즉, 누구에게나 친절한 고객은 단지 자기를 찾아 준 세일즈맨에게 호의를 베풀었을 뿐인데 떡 방아 소리 듣고 김칫국부터 찾듯이 세일즈맨 스스로 성공을 기대하고, 그 기대만큼 큰 실망을 경험하고 있는 것이다.

반면 '누구에게나 불친절한 고객' 의 경우를 보자. 이 유형은 누구에게나 불친절하기 때문에 대부분의 세일즈맨은 관계 맺기를 꺼려하나 일단 관계를 맺을 수만 있다면 이 고객을 독점할 수 있다. 또한 이런 유형의 고객은 상품에 대한 관심 정도를 비교적 정확하게 표현하기 때문에 판매 가능여부를 가늠하기도 상대적으로 수월할 수 있다.

이처럼 모든 사람에게는 체험과 경험으로부터 나온 자기 나름의 잣대가 있어 같은 일에 대해 사람마다 다른 반응을 보이는 것이다.

미스커뮤니케이션을 방지하는 방법

효과적인 커뮤니케이션을 위해서는 내가 생각하는 것과 내가 전달하고 싶은 것을 언제라도 수월하게 상대에게 전달할 수 있다는 환상은 버려야 한다. 이런 환상을 가지고 있으면 자신이 훌륭한 커뮤니케이션을 하고 있다는 착각으로 인해 기존의 방법보다 더 효과적인 커뮤니케이션 방법을 배우고 익히는데 소홀해지기 때문이다. 그러나 미스커뮤니케이션을 피하면서, 효과적인 커뮤니케이션을 하는 것은 그리 어려운 일이 아니다.

미스커뮤니케이션은 말하는 사람이 자신이 원하는 것을 듣는 사람에게 전달할 때 발생한다. 자신의 속마음을 상대에게 전달하는 과정에서 자신의 의도가 상대에게 잘못 전해지는 '왜곡'이 생기고, 자신이 원하는 모든 것이 아니라 일부분만이 상대에게 전달되고 자신의 의도 중 일부는 '생략' 되는 일이 발생하게 된다. 자신의 의도가 말로 표현되는 과정에서 많은 정보가 생략되어 결과적으로 구체적이지 못한 설명이 되고 만다. 이렇게 왜곡되거나 생략된 표현으로 인해 말하는 사람의 의도가 듣는 사람에게 제대로 전달되지 못하게 된다. 이럴 때 듣는 사람은 상대방의 말 중 자신이 이해가 안 되는 부분이 있으면 자신의 경험이나 지식을 바탕으로 상대방의 의도를 추측하면서 자기 나름대로 이해하게 된다. 이것이 바로 미스커뮤니케이션이 만들어지는 원인인 것이다. 따라서 미스커뮤니케이션을 방지하기 위해서는 가급적 말하는 사람의 진정한 의도를 이해하고 생략된 정보를 되찾을 필요가 있다.

미스커뮤니케이션을 막는 방법은 간단하다. 바로 질문과 확인이다. 생략과 왜곡이 미스커뮤니케이션의 주원인으로 작용하여 구체적이지 못한 추상적인 표현을 만들어내고 있기 때문에 '대화에서 뭔가 생략된 것이 있을까?', '어떻게 왜곡되었을까?'를 생각하면서 질문하는 것이다. 그렇게 하면 없어진 정보를 되찾을 수 있다. 만약 말하는 사람의 말을 듣는 사람이 그대로 따라 한다고 하더라도 사실이 확인되는 것은 아니다. 참된 확인은 질문과 확인을 통해 말하는 사람이 정말로 전달하고 싶었던 의도와 듣는 사람이 이해한 내용의 일치 여부를 확인해보는 것이다.

2. 친근감을 최대화하라

고객은 어떤 세일즈맨으로부터 구입할까?

커뮤니케이션뿐만 아니라 모든 인간관계의 토대가 라포(신뢰관계)라는 것은 두말할 필요도 없다. 그러면 우리들은 어떤 사람과 인간관계가 만들어지는 것일까?

세일즈 업무를 경험하지 않은 사람도 세일즈맨으로부터 뭔가 물건을 구입한 경험이 있을 것인데, 아마도 믿음이 가는 사람에게 물건을 구입했을 것이다. "어떤 사람과 신뢰관계가 만들어질까?"라는 물음에 대한 답은 "사람은 어떤 세일즈맨으로부터 물건을 사는 경향이 있을까?"관계가 있다. 다양한 경우를 생각할 수 있지만 여기에서는 필자의 경험을 통해 설명하고자 한다

친구와 약속이 있어 명동에 도착했는데 만나기로 한 시간까지

약간의 여유가 있어 그저 구경이나 하려고 근처 백화점의 남성복 매장에 들렀을 때의 일이다. 필자가 매장 이곳 저곳을 다니면서 넥타이를 구경하고 있는데 어떤 직원이 "손님, 필요한 것이 있으세요?"라고 물으면서 다가오는 것이었다. 필자에게 말을 거는 직원의 말투가 굉장히 익숙하고 친근하게 들려 고향을 물어보니 공교롭게도 그 직원은 필자의 이웃 마을에서 자란 사람이었다. 필자의 고향은 강원도이고 어린 시절을 고향에서 보냈기 때문에 아직도 말에 사투리가 조금 남아 있는데, 뜻하지 않은 곳에서 고향 사투리를 사용하는 사람을 만나니 정말 반가웠다. 반가운 마음에 상품에 대한 얘기는 제쳐놓고 고향에서 있었던 추억에 대해 많은 얘기를 나눴는데, 대화를 하면서 어느 순간 그 직원이 굉장히 편하고 가까운 사람으로 느껴지는 것이었다. 친근감을 느끼면서 개인적인 얘기들이 어느 정도 마무리될 때쯤 그 직원이 필자에게 어울린다며 넥타이를 하나 권했고 필자도 아무 거부감 없이 직원이 권해주는 넥타이를 구입하였다. 그저 구경만 하겠다던 처음 의도와는 달리 물건을 구입하게 된 결정적인 이유는 그 종업원과 친밀감을 느꼈고, 그 친밀감이 필자에게 믿음을 주었기 때문에 넥타이를 구입한 것이었다.

여기에 신뢰관계를 만드는 비결이 포함되어 있다.

친근감이 신뢰를 만든다
앞에서 "사람은 어떤 세일즈맨으로부터 물건을 사는 경향이 있을까?”라고 물었는데 답은 호감을 갖는 사람으로부터 산다는 것이다. 고객은 자신이 싫어하는 세일즈맨으로부터 상품을 구입하지 않는 것은 당연한 일이다. 그럼 어떤 세일즈맨에게 호감을 느껴 상품을 구입할까?

사람은 친근감을 느끼는(자신과 가깝게 느껴지는) 사람과 신뢰관계(라포)를 만들 수 있다. 신뢰관계를 형성하는 것은 커뮤니케이션에서 매우 중요하다. 대부분의 고객은 비록 상품 지식은 풍부하지만 건방지게 말을 하는 세일즈맨보다는 나를 위해 열심히 배려해주고, 상품 설명도 나의 수준에 맞게 하고, 내 말에 성실하게 귀를 기울여주는 세일즈맨에게 더 친근감을 느낄 것이다. 이처럼 세일즈뿐만 아니라 모든 커뮤니케이션에서 상대의 호감을 얻을 수 있게 될 때 좋은 커뮤니케이션이 가능한 것이다.

친근감에서 안전함을 느낀다

사람이 낯선 곳에 가면 본능적으로 두려움과 불편함을 느껴 빨리 그곳을 벗어나고 싶어하는 것처럼 낯선 사람과의 만남에서도 마찬가지이다. 우리 마음 속에는 자신의 안전을 위해 자신에게 익숙하지 않은 장소나 사람에 대해 경계하는 마음이 있다. 이런 이유 때문에 대부분의 고객은 세일즈맨을 처음 만날 때 경계심을 가지고 있고, 낯선 세일즈맨으로부터 빨리 벗어나고 싶어하는 것이다. 이런 고객을 대상으로 세일즈맨이 어설프게 상품 판매를 시도하게 되면 영락 없이 실패로 끝날 뿐만 아니라 다음에 고객과 만날 약속조차도 하기 어려워지는 것이다.

반대로 자신이 안전하다고 생각되는 장소나 사람들과 함께 있으면 마음 깊숙한 곳으로부터 편안함을 느끼면서 주변의 사람이나 환경에 대해 경계심을 풀고 마음으로 받아들일 준비를 한다. 특히 안전하다고 느끼는 사람들과 대화할 때는 즐거움을 느끼게 된다. 예를 들어 친한 친구와 대화를 하는 경우와 업무적으로 굉장히 부담스러운 상사와 대화하는 모습을 떠올려 보자. 친구와 대화할 때는 마음 속에 아무런 경계심을 갖지 않고 편안한 마음으로 즐겁게 시간을 보내는 것이 가능하다. 하지만 부담스러운 상사와 대화할 할 때는 상사의 말 혹은 자신의 말이 자신에게 어떤 영향을 미치게 될지를 고민하면서 대화를 하기 때문에 항상 긴장하게 되고, 상사의 유머에 대해서도 즐겁게 웃기 보다는 '이 상황에서 내가 웃는 것이 좋은 것인지, 아니면 그냥 이대로 있는 것이 좋은가?' 라는 생각으로 끝까지 경계심을 유지하는 것이다. 이처럼 내가 안전하지 않다고 느껴지는 사람에 대해서는 마음의 문을 쉽게 열지 않는 것이다.

그러면 어떻게 빠른 시간 안에 상대방의 마음의 문을 여는 것이 가능할까? 이것을 위해서는 우리 뇌의 특징을 이해할 필요가 있다. 우리 뇌는 '즐거운 것을 원하고 괴로운 것은 피한다' 는 특징을 가지고 있다. 이 말은 우리 뇌가 즐거움과 관련된 생각과 행동을 할 때 활발하게 작용한다는 것이다. 내가 낯선 사람과 있어 불편할 때 우리 뇌에서는 '괴로우니 빨리 그 자리를 피하라' 고 명령하는 반면 즐거울 때는 '더 많은 시간을 즐겨라' 라고 하는 것이다.

고객은 세일즈맨을 대할 때 머리 속에서는 '저 사람이 오늘은 무엇으로 나를 괴롭힐까?' 라는 생각을 하게 된다. 그렇기 때문에 세일즈맨을 대할 때 조심스럽고 방어적인 태도를 보이게 되고, 이런 상태에서는 세일즈맨과의 만남이 즐겁지 않게 된다. 그렇기 때문에 세일즈맨과 빨리 헤어지고 싶어하는 것이다.

그럼 어떻게 이런 문제를 해결할 수 있을까? 그 답은 바로 고객에게 즐거움을 느끼게 만드는 것이다. 2부 세일즈 코칭 스킬 이해하기의 코칭 스킬의 〈고객과의 관계〉 그림에서 설명한 것처럼 사람은 '강요'를 당하면 결코 즐겁지 않다. 세일즈맨이 고객에게 상품을 권유하는 행위 자체를 고객은 강요로 받아들이기 때문에 세일즈맨과의 접촉이 즐겁지 않는 것이다. 따라서 세일즈맨이 성과를 내기 위해서는 가장 먼저 고객과 친밀한 관계를 형성할 필요가 있다. 고객은 친밀한 감정을 느낄 수 있는 사람으로부터는 즐거운 감정도 느낄 수 있기 때문이다.

고객이 커뮤니케이션을 하는 상대와 친근감을 느끼게 되면 스스로 안전하다고 판단해 마음 속의 경계를 없애기 때문에 깊이 있는 대화가 진행될 수 있다. 따라서 우리의 뇌가 항상 즐거움을 추구한다는 속성을 잘 이해하고 활용할 수 있다면 고객과의 대화의 질이 향상될 수 있고, 세일즈 성과와도 직접적으로 연결될 수 있다.

누구나 안전함을 원한다

그러면 사람은 어떤 사람에 대해 안심(안전함)을 느끼는 것일까?

확실한 것은 사람은 스스로 가깝다고 느끼는 사람에게서 안전하고 편안한 마음을 느끼게 된다.

여기에서 말하는 가깝다는 것의 의미는 물리적 거리와 심리적 거리를 모두 포함한 것이다. 가족처럼 자신이 잘 알고 있는 사람과 대화하거나 함께 뭔가를 할 때 공격적이거나 방어적인 자세를 취하는 사람은 드물다. 마찬가지로 매일 먹는 음식이나 익숙한 길을 걸을 때는 긴장하지 않는다. 또 나하고 가치관이 비슷한 사람과 같이 있으면 왠지 마음이 잘 맞아서 편안함을 느낀다. 고향 사람이나 출신 학교가 같은 사람을 만나면 호감을 갖게 되는 것도 이런 이유다. 스스로 육체적으로나 심리적으로 가깝다고 느끼고 있기 때문에 이런 반응을 보이게 된다. 이렇게 가깝게 느껴지는 사람에 대해서는 마음이 편해져 안전함을 느끼게 되고, 결과적으로 마음의 문을 활짝 열면서 상대를 받아들일 준비를 하는 것이다. 세일즈맨과의 관계가 이런 상태로 발전하게 되면 세일즈맨이 판매하려는 상품에 대해서도 편안하게 받아들일 수 있게 되는 것이다.

멀다고 느끼는 사람에게는 마음의 문을 닫는다

거꾸로 우리와 풍습이 많이 다른 나라에 처음 갔을 때 대부분의 사람은 긴장한다. 자신과 가치관이 다른 사람과 말할 때 혹은 언어, 풍습, 행동 등 자신과는 전혀 다른 모습의 사람과 만날 때, 그 사람과는 거리(심리적 거리)가 멀게 느껴진다. 외국 음식 중에서 익숙하지 않은 요리를 먹을 때 대부분의 사람은 긴장한다. 이처럼 익숙하지 않는 것을 먹거나 거리감이 느껴지는 사람과 말할 때 많은 사람은 긴장한다. 긴장한 상태가 되면 심장 박동수가 높아지고 호흡이 빨라지면서 행동이 민첩하게 되는데, 이런 상태는 결국 전쟁에 임하는 마음 상태인 것이다.

사람이 상대에 대해 긴장을 하면 친근감보다는 적대감에 가까운 마음을 갖기 때문에 상대를 받아들이기보다 배척하려는 상태가 되고 결국 마음의 문을 닫게 된다. 이런 상태에서는 내가 아무리 말을 하더라도 상대의 마음속에 들어갈 수 없다.

이렇게 본능적으로 안심을 추구하는 속성을 가진 사람은 가깝다고 느끼는 사람으로부터 물건을 구입하고 싶어 하기 때문에 고객과 신뢰관계(라포)를 형성하는 것이 매우 중요하다.

신뢰를 형성하라

사람은 스스로 친근하다고 느끼는 사람과 만날 때 안전함을 느껴 마음이 편안해지면서 마음의 문을 열게 된다. 따라서 상대와 신뢰관계를 형성하기 위해서는 상대가 자신을 친근하고 안전하다고 느끼게 만드는 것이 중요하다.

전달되는 말, 전달되지 않는 말

대부분의 커뮤니케이션은 말을 통해 이루어진다. 그러나 모든 말이 상대방에게 전달되는 것은 아니다. 즉, 상대와의 신뢰 정도에 따라 말이 전달되는 정도도 다르다.

낯선 사람과 대화를 하는 경우를 생각해 보자. 낮에 길을 가는데 모르는 사람이 나에게 다가와서 말을 걸었다. "저기요, 잠깐……." 상대가 아무리 정중하게 말을 하더라도 일단은 긴장한 채 먼저 경계태세부터 갖추고 상대의 모습을 살핀 후 대답할지 말지를 결정하게 되는데 아무래도 선뜻 대답하기는 어려울 것이다. 반면 아무리 늦은 시간이라도 내가 아는 사람이 다가와 말을 하면 스스럼없이 반응할 것이다.

이처럼 신뢰관계가 없으면 상대방의 말(대화의 내용)을 귀로는 받아들일 수 있지만 안심하고 마음속으로 받아들이기는 어렵다. 내 귀에는 들리지만 내 마음속에 들어오지 못하는 말은 나에게 영향을 미치지는 못하는 것이다. 결국 세일즈 성과는 세일즈맨이 얼마나 고객과의 신뢰관계를 형성하고 세일즈맨이 하고 싶은 말을 고객의 마음 깊숙한 곳에 닿을 수 있느냐에 달려 있다.

신뢰관계가 영향력을 좌우한다

지하철을 이용하다 보면 지하철 안에서 물건을 파는 사람을 만나게 된다. 계절에 맞는 상품이거나 일상생활에 유용한 상품을 판매하고 있는데도 사람들은 그 물건을 사는 것을 망설이게 된다. 가장 큰 이유는 품질을 신뢰하지 못하기 때문일 것이다. 반면 같은 물건을 백화점에서 구매하는 경우를 생각해보자. 이미 우리 마음에는 '백화점에서 판매하는 상품의 품질은 믿을 수 있다.' 는 가정이 있기 때문에 제품의 품질에 대해서는 더 이상 의심하지 않는 경향이 있다.

　이처럼 우리는 상대와의 신뢰관계에 따라 상대를 받아들이는 정도에 차이를 보인다. 결국 세일즈맨이 아무리 설명을 잘 하더라도 세일즈맨 혹은 제품에 대해 의심을 품은 사람은 상대의 말을 듣고는 있지만 결코 마음을 움직이지 않는다.

　그러므로 상대와 대화하기 전에 상대가 내 말을 받아들일 수 있도록 만들어야 하는데 이것이 바로 커뮤니케이션의 대전제가 되는 신뢰관계(라포)의 형성이 필요한 이유이다.

3. 고객을 내 편으로 만들라

강력한 신뢰관계를 만드는 포인트

사람이 대화할 때 상대방에 대해 두 가지 차원에서 반응하게 된다. 바로 의식과 무의식 차원의 반응이다. 흔히 우리가 '마음 깊숙한' 이라는 표현을 사용하는 것은 무의식을 표현한다. 의식적, 무의식적 차원에서 상대와 신뢰관계를 맺을 수 있는 방법을 알아보자.

메리비언의 법칙

미국의 메리비언이 발견한 커뮤니케이션 이론으로, 얼굴을 맞대고 하는 대화에서 말의 영향은 7%에 지나지 않고, 목소리 톤과 말하는 속도인 말투가 38%, 말하는 사람의 제스처가 55%를 차지

한다고 한다. 결국 대화를 통해서 상대에게 정보를 전달하고, 많은 영향을 주지만, 영향을 주는 요인을 보면 실제로 말하는 내용보다 무의식적으로 하는 제스처, 말투가 93%를 차지하여 말보다 더 큰 영향력을 갖는다는 것이다.

지금 주변의 사람과 실습을 해보자. 주변 사람에게 자신이 경험한 평범한 일을 가능한 몸짓 손짓을 섞어서 열정적이고 활기넘치는 목소리로 말해달라고 한다. 다음에는 같은 사람에게 자신의 경험 중에서 가장 감동적인 것을 객관적인 목소리로 몸짓 손짓 없이 설명해 달라고 한다.

지금 두 가지 대화 중 어느 것이 더 마음에 와 닿는가? 아마도 평범하지만 열정적으로 몸짓, 손짓을 섞어서 말한 내용일 것이다. 이처럼 대화의 내용도 제스처의 사용 여부에 따라 상대방에게 전달되는 영향력에는 상대적으로 차이가 있는 것이다.

무의식적인 행위가 더 많은 영향을 미친다

우리가 상대와 대화를 할 때 우리의 의식은 상대의 대화 내용을 향하고 있다. 그러면 우리가 상대와 대화할 때 의식할 수는 없지만 상대에게 영향을 주고 있는 것은 무엇일까? 그것은 메리비언의 법칙에서 설명한 것처럼 나의 제스처, 나의 말투 등이다.

예를 들어 내가 유명한 연예인과 악수를 했다고 가정해보자. 아마도 주변 사람들에게 내가 유명인과 악수했다는 사실을 전할 때 나도 모르게 상대 쪽으로 몸이 기울어지면서 몸짓, 손짓을 동원해 말한 경험이 있을 것이다. 어투는 또 어떠했을까? 아마도 흥분한 상태이기 때문에 평소보다 무의식적으로 목소리가 빠르고 커졌을 것이다. 물론 의식적으로 그렇게 했을 수도 있지만 그런 경우는 아주 드물다.

그러면 무의식적인 반응은 무엇인가? 간단하게 말하면 의식하지 않고 반응하는 것이라 할 수 있다. 이런 것들의 예는 호흡, 자세, 말의 스피드 등이 있다. 그래서 이런 것들이 일치하는 사람과 함께 있을 때 마음 깊은 곳으로부터 좋은 감정을 느낄 수 있다.

내가 중요한 약속에 늦어서 택시를 탔는데 그날따라 택시기사가 차를 아주 천천히 몰았다. 이런 모습을 보면서 어떤 느낌이 들었겠는가? 평소 같으면 안전운전을 한다고 고마워 할 일이지만 약속 시간에 늦은 급한 마음이라면 답답해서 빨리 운전해달라고 소리치고 싶을 것이다.

또 다른 예를 보자. 아들에게 장난감 자동차를 생일선물로 주려하는데 재고가 없어 지금 주문을 하더라도 아들의 생일 이후에나 사는 것이 가능하다고 세일즈맨이 말하고 있다. 이때 다급한 마음으로 부탁하는데 세일즈맨이 아주 여유롭게 "고객님, 천천히 가져가시는 것 외에는 별다른 방법이 없습니다."라고 대답했다면 당신의 마음은 어떨 것인가? 반대로 고객의 급한 마음을 헤아려 세일즈맨도 다급한 목소리로 "고객님, 원하시는 날짜에 못 살수도 있지만 제가 최선을 다해 노력해 보겠습니다."라고 말할 때 당신은 어떤 느낌이겠는가?

아주 친한 친구와 대화할 때의 기억을 되살려보라. 한참 대화에 몰입할 때는 나도 모르게 친구와 자세, 말투, 제스처가 비슷해져 있다는 것을 느낄 것이다. 이처럼 상대방의 마음 깊은 곳에서 느끼는 것과 같은 것을 내가 상대에게 제공할 때 비로소 상대는 친근감을 느끼게 된다.

신뢰는 고객에게 맞추는 것이다

앞서 백화점에서 우연히 고향 사람을 만나 의도하지 않게 물건을 구입한 경험을 말했다. 물건을 구입한 결정적인 이유는 필자와 같은 사투리를 쓰는 사람을 만났기 때문이다. 이처럼 상대로부터 자신과 같은 뭔가를 발견할 때 친근감을 느끼게 된다.

내가 상대에게 어떤 것을 일치시킨다면 상대는 친근감을 느끼게 된다. 친근감을 느끼면 상대는 나에게 마음을 열게 되고 내 말이 상대의 마음 깊은 곳까지 전해진다. 결국 세일즈맨은 고객이 중요하게 여기는 것을 알고, 이것을 일치시킬 수 있다면 고객과 강력한 신뢰관계(라포)를 형성할 수 있는 것이다.

고객과 한마음이 돼라

세일즈맨이 처음 만난 사람과 대화할 때, 처음부터 상품 설명을 시작할까? 아마도 대부분의 사람은 잠깐이라도 날씨를 비롯한 일상적인 대화부터 시작할 것이다. 또 세일즈맨은 상품 설명 전에 고객을 이해하기 위한 질문을 하기도 한다. "고향이 어디십니까?", "식사는 하셨습니까?", "날씨가 추운데 건강은 괜찮으신가요?" 등이다. 이 질문에 대한 답을 들으면서 세일즈맨은 고객의 대답에 따라 대화를 해나간다.

예를 들어, 고객이 "아, 오늘 날씨는 조금 덥네요."라고 말했는데도 세일즈맨이 "오늘 날씨는 조금 춥습니다."라고 대답을 했다면 왠지 고객은 조금 불편한 마음을 느꼈을 것이다. 또 우리가 어린 아이와 대화를 하는 모습을 생각해 보자. 어린 아이와 대화할 때 어떤 자세로 어떤 말을 사용하고, 어떤 속도로 말을 하는가? 아마도 쪼그리고 앉아 어린 아이와 눈을 맞추고, 아이가 이해하기 쉬운 말을 사용해 천천히 말할 것이다.

이처럼 신뢰관계를 만드는 방법은 상대방에게 맞추는 것이다. 이를 위해 세일즈맨이 고객을 만날 때 고객과의 공통점을 발견하고 이를 대화의 소재로 삼는 것이 중요하다. 고향이나 출신 학교와 같이 일상적인 대화의 소재뿐만 아니라 서로 안경을 쓰고 있는지, 취미가 같은지, 가족 수가 같은지 등 우리의 일상생활에서 발견할 수 있는 모든 소재를 대상으로 공통점을 찾아 대화를 시작하는 것이 중요하다.

세일즈맨이 고객을 대상으로 설명할 때 용어의 사용에도 주의해야 한다. 세일즈맨이 속해 있는 회사 내에서 사용하는 단어는 전문용어일 가능성이 많다. 회사 내에서 전문용어를 사용하다 보니 세일즈맨에게는 일상적인 용어가 되어 아주 익숙한 말이지만 고객에게는 굉장히 생소하게 느껴질 수 있다. 예를 들어 자동차

정비업체에 가서 차의 수리를 부탁할 때 대부분의 정비사는 '차의 어디, 어디가 어떻게 고장이 났기 때문에 어떤 부품을 어떻게 교체하고 비용을 얼마 정도가 된다.'고 설명한다. 이 말을 들을 때 사람들이 얼마나 정비사의 말을 이해하고, 100% 신뢰하면서 그래도 해 달라고 하겠는가? 아마도 자신이 이해할 수 있는 말로 다시 물은 다음 수긍이 될 때 비로소 수리를 부탁할 것이다. 따라서 세일즈맨은 고객을 대상으로 설명할 때 고객의 말로 풀어서 설명을 해야 고객이 편안하게 말을 들을 수 있게 된다.

또한, 눈에 보이지 않는 것뿐만 아니라 눈에 보이는 것도 중요하다. 모든 사람이 양복을 입고 있는 사무실에 세일즈맨 혼자 청바지를 입고 들어갔다고 가정해보자. 아마도 왠지 모르게 불편함을 느낄 것이다. 이 세일즈맨을 바라보는 고객들 또한 뭔가 어색함을 감지할 수 있다. 반대로 고객의 와이셔츠가 보라색인데 나도 보라색 계통의 와이셔츠를 입었다고 생각해보면 고객과 통한다는 느낌을 받을 수 있다.

사람은 자기와 다른 것을 발견하면 긴장하고, 경계심을 가지면서 마음의 문을 닫는다고 이미 설명했다. 따라서 이와 같은 경계심을 없애기 위해서는 상대와의 차이점을 말하는 것이 아니라 상대와의 공통점을 가장 먼저 발견하고 이를 활용하는 것이 상대와 진정한 소통을 할 수 있는 지름길인 것이다.

4. 유쾌한 대화로 구매력을 높여라

우리들은 외부로부터의 정보를 시각, 청각, 촉각, 미각, 후각의 5가지 감각을 통해 지각한다. 외부 정보를 눈, 귀, 피부, 입, 코의 5가지 감각 기관을 통한 후 그것에 대응하는 뇌의 감각 기관에서 정보를 처리하고 있는데 미각과 후각의 비중이 그리 크지 않아 촉각, 미각과 후각을 합쳐 체감각이라고 부르기도 한다.

그런데 이런 오감이 모든 사람에게 동일하게 사용되는 것은 아니다.

미국의 심리학자 존 그린더와 리처드 밴들러 두 사람은 외부 세계의 사건을 오감에 의해 처리할 때, 사람에 따라 독특한 경향이 있다는 것을 발견했다. 사람은 자신에게 익숙한 감각을 사용하여 사건을 나름대로 받아들이고, 이렇게 받아들인 것을 자신의 생각으로 바꿔 언어로 표현하고 자기 나름대로 인식하면서 일생을 보내게 되는 것이다.

경험을 활용하면 이해가 쉬워진다

예전에 시골에서의 학교운동회는 마을 전체의 축제였다. 사람들이 가족 단위로 학교 운동장에 모여 함께 운동하고, 응원도 하면서 축제의 장을 만들었다. 농악대가 꽹과리 소리를 앞세워 재주를 부리면 어린 아이들이 그 뒤를 쫓으면서 흉내를 내기도 했다. 그리고 그 중에서도 가장 즐거운 시간은 역시 점심시간이었다. 오랜만에 맛보는 김밥은 정말 꿀맛이었다.

이 글을 읽고 당신은 무엇을 떠올렸는가? 아마도 자신의 과거 경험 중에서 이와 유사한 것을 떠올리면서 이 글을 읽었을 것이다.

우리들이 언어를 사용해 누군가에게 뭔가를 말할 때, 대부분의 경우 자신의 체험을 말하고 있는 것이다. 또 그 말을 듣는 사람은 자신의 과거 경험과 연결해 그것을 이해하게 된다.

예를 들어 "분홍색 코끼리를 떠올리지 마세요."라고 말하면 어떤 반응을 하는가? 아마 많은 사람이 '분홍색 코끼리를 떠올리지 말자.'고 스스로 다짐하지만 머릿속에는 분홍색 코끼리가 이미 떠올랐을 것이다.

결국 우리가 상대의 말을 들을 때 상대의 말에 대해 의식적으로 반응하고 싶지 않아도 무의식적으로 상대의 말에 반응하여 그 말에 해당되는 이미지를 보게 되는 것이다.

불쾌하게 시작해도 유쾌하게 끝내라

사람은 어떤 말을 들으면 어떤 체험을 떠올리게 되는데 이런 특성을 이용해 영화를 만들기도 한다. 영화감독은 주로 시각정보와 청각정보로 영화를 보고 있는 사람의 기분과 감정을 만들어간다. 영화 〈죠스〉에서는 먼저 상어가 사람의 다리를 물어뜯는 생생한 장면을 보여준 후 배경음악과 함께 바다 속으로부터 상어 꼬리가 다가온다. 그것을 보고 있는 영화 관객은 바다 속에 있는 사람들에게 '빨리 도망 쳐!' 라고 공포심에 사로잡힌 상태로 외치게 된다. 이것은 우리가 어떤 말을 듣게 되면 그에 대한 이미지가 떠오르고, 그 이미지는 우리의 감정과 연결되어 있기 때문이다. 예를 들어 텔레비전 뉴스에서 살인사건 등 어두운 화제의 영상을 보면 자신도 모르게 음울한 기분이 되는 것과 같다.

좋지 않은 말을 듣거나 동영상을 보면 안 좋은 이미지가 떠오르는 것은 감정과 연결되기 때문이다. 이런 프로세스도 우리가 의식하는 것이 아니라 무의식적으로 발생하는 것이다.

이렇게 어떤 말에 대해 체험을 떠올리는 속성을 세일즈에 이용하기도 한다. 생명보험을 판매하는 사람들이 즐겨 쓰는 영업 방법 중의 하나는 생명보험에 가입하지 않고 사망했을 때 그 가족이 겪는 고통이 얼마나 힘든 것인지를 생생하게 묘사하면서 생명보험 가입을 유도하는 것이다. 이때 그 이야기를 듣는 대부분의 사람은 세일즈맨의 묘사에 거부 반응을 보이지만 세일즈를 하는 사람들은 그런 상황을 회피하기 위해서 생명보험에 가입해야 한다고 강조하며 상품 구입을 권유한다.

"가족이 그런 고통을 겪지 않을 좋은 방법이 있습니다."

이런 판매 방법들이 언제나 성공하는 것은 아니지만 일부의 사람들에게는 상당한 효과를 거둘 수 있다. 특히 체감각이 발달한 사람에게는 효과적인 판매 방법이 되는 것이다.

"고객님 차의 타이어가 많이 닳아서 언제 타이어가 펑크날지 모릅니다. 안전한 것이 좋지 않을까요? 특히 고속도로를 자주 이용한다면 빨리 갈아주는 것이 좋습니다."

"언제 타이어가 펑크 날지 모릅니다."라는 말을 들은 고객은 불쾌한 기분을 느끼겠지만 고객으로 하여금 위험하다는 것을 인식시켜 구매를 유도하는 것도 효과적인 세일즈 방법이 될 수 있다. 그러나 유쾌하지 않은 말로 고객에게 불안감을 조성하는 것도 하나의 방법이지만 이 경우 반드시 유쾌한 말로 끝을 맺는 것이 중요하다. 왜냐하면 어떤 말을 들었을 때 그에 상응하는 체험을 떠올리는데 불쾌한 말에는 불쾌한 감정을 떠올리게 되고 유쾌한 말에는 유쾌한 감정을 떠올리기 때문이다. 따라서 고객에게 유쾌한 기분을 떠올리는 말로 위의 문장을 바꿔보면 다음과 같다.

"이 타이어는 5만 킬로미터 정도를 탈 수 있도록 설계되었습니다. 비용이 조금 부담되시겠지만 새 타이어로 운전하는 것이 빗길에도 안전하고 지금보다 쾌적하게 운전할 수 있습니다. 비용도 지금 세일 기간 중이라 상대적으로 저렴하게 구입할 수 있어 이 타이어를 추천합니다."

다양한 자기계발과 관련된 책에도 행복하게 되고 싶으면 긍정적인 말을 의식적으로 사용하는 것이 좋다고 쓰여 있는데, 앞에서 설명한 뇌의 속성과도 공통된 것이다. '바보', '머저리' 등 부정적인 말을 듣게 되면 나도 모르는 사이에 그것에 반응하는 부정적인 영향을 받게 되고, 그 이미지에 적합한 부정적인 기분을 느끼게 된다. 이런 이유 때문에 가능한 한 부정적인 말은 듣지 않는 환경을 만들고, 자기 자신도 긍정적인 말을 자주 사용하는 습관을 만드는 것이 좋다.

긍정적인 말은 자신에게도 영향을 준다

어떤 말을 듣게 되면 그에 해당되는 이미지를 떠올리고, 그 이미지에 맞는 기분을 느낀다고 설명했는데, 이것은 듣는 사람뿐만 아니라 말하는 사람에게도 해당된다. 내가 상대에게 말할 때 그 말을 가장 먼저 듣게 되는 사람이 자기 자신이기 때문이다.

위험을 피하려고 상품을 구입하는 보험의 특성상, 상품 설명을 할 때 많이 사용하는 단어는 죽음, 질병, 사고와 같은 단어이다. 이런 단어를 설명할 때마다 듣는 사람이나 말하는 사람이나 그 단어와 연결되는 이미지를 떠올리게 되고, 그 이미지는 기분과 연결된다.

이런 단어를 하루에도 수십 번씩 사용하는 보험 세일즈맨의 경우를 보자. 고객을 만날 때마다 우울한 단어를 사용하면서 우울한 기분을 느껴야 한다. 괴로움을 피하려는 뇌의 속성상 가급적 괴로운 이미지를 떠올리고 싶지 않기 때문에 나도 모르게 그런 종류의 단어를 사용하지 않으려고 한다. 이것은 결국 고객과의 만남을 회피하는 것과 연결되어 나도 모르게 활동력이 떨어지게 되는 것이다. 이런 일이 반복되면 결국 실적하락으로 이어지고 심한 경우 세일즈 활동을 그만두는 경우까지 올 수 있다.

고객의 경우도 마찬가지이다. 자신에게 상품을 설명하면서 유쾌하지 않은 이미지를 만들어주는 세일즈맨이 있다고 가정해보자. 물론 고의적으로 자신을 괴롭히려는 의도가 없다는 것은 알지만 그 사람을 볼 때마다 그 사람이 한 말이 떠오르게 되고, 그 이미지와 함께 불쾌한 감정이 떠오르게 되면 무의식중에 그 세일즈맨을 회피하게 된다. 의식적으로야 그 세일즈맨에게 고마움과 친근감을 표현할 수 있겠지만 실제로 우리 뇌에서는 그 사람을 피하게 만들기 때문에 결국은 세일즈맨이 원하는 성과를 얻지 못하게 된다.

따라서 우리가 세일즈 성과를 향상시키기 위해서는 고객과 친근한 관계를 만드는 것뿐만 아니라 나에게도 활기를 불러일으키는 유쾌한 말로 긍정적인 이미지를 부각시켜 고객과 대화하는 것이 절대적으로 필요하다.

5. 오감을 통해 세일즈하라

체험은 오감으로 만들어진다

앞에서 우리는 오감을 통해 체험한다고 설명했다. 오감이 체험이라는 것을 이해하기 위해서는 어떤 요소들이 있는가를 생각해 보면 된다. 예를 들어 어떤 가수의 콘서트 장소에 있다고 가정하자. 먼저 콘서트 배경에서 가수가 노래하는 영상이 보이고, 기타와 드럼 등의 악기소리와 함께 관객들이 외치는 소리도 들릴 것이다. 그리고 온몸으로 느끼는 열기와 가슴으로 느끼는 감동, 이런 모든 것들이 오감에 해당되는 것이다. 콘서트를 본 후로 한참 시간이 지난 후에도 그 콘서트를 떠올리면 오감을 통해 그때의 감동을 느낄 수 있다.

말을 들으면 그 말에 반응하는 경험에 무의식적으로 접근한다

는 것은 이미 설명했다. 오감을 표현하는 말을 어떻게 사용하냐
에 따라 상대가 체험하는 내용에 어느 정도 영향을 주는 것이 가
능하게 된다.

동기의 원천은 감각이다

직장에서 리더의 중요한 역할 중 하나는 부하의 동기부여이다.
동기부여는 넓게 말하면 하고자 하는 마음을 이끌어내는 것이다.
여기서 하고자 하는 마음은 사람의 오감으로 치면 몸으로 느껴지
는 것이다. 왜냐하면 하고자 하는 마음은 머리에서 이미지로 만
들 수 있는 것도 아니고, 소리나 말이 아닌 사람들의 가슴으로 느
낄 수 있는 것이기 때문이다.

따라서 리더가 부하의 '하고자 하는 마음' 을 이끌어내기 위해
서는 부하가 좋아하는 신체감각을 느낄 수 있는 말을 사용하는
것이 중요하다. 리더십 책인 〈1분 경영〉에도 기분이 좋은 부하는
좋은 성과를 창출한다고 쓰여 있다. 여기에서 말하는 '기분이 좋
은' 이라는 말의 의미는 자신이 좋아하는 신체감각을 느끼고 있다
고 해석할 수 있다.

우리가 목표를 달성하기 위한 행동의 원천은 하고 싶다고 생각
하는 마음이다. 앞에서 사람의 행동을 결정하는 근본은 욕구라고
설명했다. 이렇게 어떤 일을 하고 싶다는 마음이 든다는 것은 충
족하고자 하는 욕구가 있는 것이다. 이 욕구의 충족 여부는 느낌
으로 알 수 있다. 우리 몸이 편안하고 활력이 넘치면 욕구가 충족

되었다는 신호로 받아들이면 된다.

인간은 머리에서 옳다고 생각하는 것도 그것을 하기 싫은 것으로 느끼면 좀처럼 행동으로 옮길 수 없다. 비록 틀렸다고 머리에서 이해하더라도 마음속에서 강하게 끌리는 경우에는 반대로 그것을 행동으로 옮기기 쉽다. 예를 들어 자주 화를 내고 잔소리를 하면서 나를 괴롭히는 상사가 있다고 가정하자. 상사이기 때문에 업무에 대해 협의하고 함께 일해야 한다는 것을 머리로는 충분히 받아들이지만 마음은 정말 그 상사가 불편하게 느껴졌던 경험이 있을 것이다.

생각하는 것이 동기를 만들어 내는 것이 아니라 욕구의 충족 여부를 알려주는 기분이 동기의 원천이 된다. 무엇을 할까를 생각하는 것은 방향성을 결정하지만 그것을 효과적으로 실행하고 달성하는 것은 하고 싶은 마음을 느낄 수 있는가, 즉 욕구를 충족할 수 있는가에 달려있다.

이것이 세일즈에 어떻게 적용되는지를 살펴보자. 우리가 일부 생필품을 제외하고 대부분 물건을 살 때 이성적으로 구입하는 경우보다 감성적으로 구매하는 경우가 많다. 충동적인 구매와는 조금 성격이 다른 것이다. 최근에 어떤 물건을 샀을 때를 떠올려 보자. 이 물건에 대해 구매를 결정하게 된 결정적인 포인트는 무엇이었는가? 예를 들어 옷을 살 때를 생각해보면 옷감의 소재가 얼마나 성능이 좋고, 내구성이 있는가를 따지기보다는 디자인이나 입었을 때의 느낌 등을 구매의 요소로 고려하였을 가능성이 더 크다. 이처럼 우리가 물건을 구매할 때는 대부분 이성적이기 보다는 감성적으로 판단하기 때문에 세일즈맨이 물건을 판매할 때, 고객에게 이성적으로 접근하기 보다는 감성적으로 접근하는 것이 훨씬 더 판매 가능성을 높일 수 있다.

인기리에 방영된 텔레비전 드라마 〈열혈장사꾼〉에서 주인공이 자동차 판매에 성공하는 대부분의 경우, 자동차의 성능 때문이 아니라 주인공의 감성적인 부분이 구매의 주요 동기였다. 이것이 드라마에서 그치는 것이 아니라 실제 세일즈에서도 그대로 적용되는 것이다.

구매 후 고객의 변화를 확인하라

대부분의 사람은 좋은 결과가 예상되더라도 일단 현재 상태에서 조금이라도 변화가 생기면 주저하게 된다. 지금 살고 있는 아파트보다 더 큰 아파트를 신규로 분양 받은 사람도 막상 이사할 때가 다가오면 주저하는 마음이 생긴다. 아이들 학교는 어떻게 되는지, 직장 출퇴근은 편리한지, 지금까지 함께 해온 이웃과 헤어지고 새로운 이웃과 잘 지낼 수 있을지 등에 대한 고민이 생길 것이다. 또한 자기가 정말 사랑하고, 상대와 함께라면 행복한 인생이 될 거라고 판단해 결혼을 결정했어도 막상 결혼식이 다가오면 두려워진다. 결혼 생활을 잘 할 수 있을지, 혹시나 나쁜 일이 생겨 이혼하게 되면 어떻게 할 것인지 등 생각이 많아진다. 이처럼 스스로 원한 것이더라도 어느 정도의 위험 요소가 있는 것은 확실하다. 목표 달성을 위해 생각을 실행에 옮긴다는 것은 지금까지와는 다른 방법을 시험하는 것이기 때문에 당연히 그것은 큰 변화이다.

사람은 어떤 것을 경험하면서 내면에서는 그것에 대한 생각, 감정, 욕구를 염두에 두고 평가한다. 따라서 머리에서 이 변화는 '좋아.' 라고 생각하더라도 감정과 욕구는 생각과 다른 경우가 있다.

"처음에는 좋다고 생각했는데 지금은 약간……."
"머리로는 알겠는데 잘 되지 않는다."
"뭔가 껄끄러운 느낌이 있다."

고객이 물건을 구매하는 것도 고객의 입장에서는 변화를 맞이하는 것이다. 물건을 구매하게 되면 어떤 형태로든 지금까지의 행동과는 다른 행동을 해야 한다. 즉 익숙한 것과의 결별이 필요한 것이다. 새로 자동차를 구입한 경우를 보라. 지금까지 타던 자동차와는 자동차 구조에서부터 액세서리까지 모든 것이 달라지기 때문에 익숙해지기까지 오랜 시간을 필요로 한다. 고객이 구매를 주저하는 이유도 이런 변화를 두려워하기 때문이다.

세일즈맨이 변화를 두려워해 구매를 주저하는 고객을 설득할 수 있는 방법은 물건 구매 후에 어떤 변화가 생기는지를 확인하는 것이다. 고객은 물건을 구매하면서 생기는 편리함이 변화보다 더 크다면 과감하게 변화를 선택할 수 있을 것이다.

이를 확인할 수 있는 방법은 구매에 따른 고객의 생각, 감정,

의도, 행동의 상태를 확인하는 것이다. 그것들에 대해 여러 가지 관점으로 질문을 하면 고객은 변화에 따른 자신의 판단에 대한 왜곡을 발견하고, 변화로 얻을 수 있는 이익과 생길 수 있는 나쁜 영향인 비용과의 균형을 잡을 수 있기 때문이다. 구매에 따른 고객의 인식이 변화됐는지 확인하지 않으면 고객의 감정과 행동 등에 부자연스러움이 발견될 수 있다.

고객의 자기인식을 높이기 위해 세일즈맨은 주기적으로 다음과 같은 질문을 통해 구매에 따른 변화를 확인해 본다.

"지금 사용하고 있는 것은 사용하기 전에 생각했던 것과 일치하고 있습니까?"

"제품을 바꾸고 나서 기분은 어떤가요?"

"생각했던 대로 성과가 향상되고 있나요?"

"스트레스는 어떻습니까?"

"뭔가 불편한 것은 없습니까?"

"집안의 변화는 어떻습니까?"

"생활의 균형은 잡고 있습니까?"

이런 변화에 대한 확인을 하는 것으로 세일즈맨과 고객은 스스로 주의를 기울일 수 있는 기회를 얻는다. 이것이 고객이 스스로 자기인식을 높일 수 있는 것이 된다.

제6부

세일즈 코칭 실전편 ④

갈등 해결사가 돼라

세일즈맨은 세일즈 현장에서 다양한 갈등을 경험하게 된다.
일상에서 생산적인 갈등 해결이 도움이 되는 것처럼 세일즈 현장에서도
마찬가지이다. 세일즈맨과 고객과의 사이에서 발생하는 갈등을
건설적으로 해결하면 고객의 니즈가 충족되고 세일즈맨에 대한
신뢰가 높아지는 긍정적인 효과를 얻을 수 있다.

EASY SALES

1. 건강한 갈등은 조직에 생명을 불어넣는다

갈등은 일상의 사소한 다툼부터 전쟁에 이르기까지 다양한 영역에 걸쳐 중대한 것에서부터 사소한 것까지 그 특징과 경향이 다양하다. 6부에서는 세일즈 현장에서 빼놓을 수 없는 갈등에 대해 알아보기로 한다.

비온 뒤에 땅이 굳는다

갈등(Conflict)이란 간단히 말하자면 의견의 대립과 충돌이다. 영어에서의 의미는 물리적인 폭력, 사고방식이나 이에 대한 강한 의견의 대립 등을 의미하는 것이다. 사전적 의미는 두 개 이상의 상반되는 경향이 동시에 존재하여 어떤 행동을 결정하지 못하는 경우를 말한다. 다시 말하면 서로 다른 습관, 욕구와 목표가 대립하는 상황을 의미하는 것이다. 그러나 의견 대립이 상대와의 관계를 항상 험악하게 만드는 것은 아니다. '비 온 뒤에 땅이 굳는다.' 는 속담처럼 갈등을 어떻게 해결하느냐에 따라 더욱 발전된 관계를 형성할 수도 있다.

세일즈맨은 세일즈 현장에서 다양한 갈등을 경험하게 된다. 일상에서 생산적인 갈등 해결이 도움이 되는 것처럼 세일즈 현장에서도 마찬가지이다. 세일즈맨과 고객과의 사이에서 발생하는 갈등을 발전적으로 해결하면 고객의 니즈가 충족되고 세일즈맨에 대한 신뢰가 높아져 성과와 직접 연결될 수 있다.

갈등과 분쟁, 다툼

갈등이 일어나는 일은 매우 흔하다. 우리들은 일상에서 항상 갈등을 경험하고 있다. 공부를 하지 않는다고 컴퓨터에서 게임을 없애 버리려는 부모와 그것을 거부하는 아이의 다툼, 가속의 여름 휴가지로 남편은 산을 아내는 바다로 가자고 고집할 때, 회사 내에서 납기 일자를 명확하게 알려달라고 요구하는 영업담당자와 납기를 정확하게 알려주는 것이 무리라고 주장하는 생산담당자, 기업을 합병할 때 어떤 회사의 전산시스템을 사용할까에 대한 의견대립, 이런 모든 것이 갈등이다. 눈을 떴을 때, '아침을 거르고 10분 더 잘까? 말까?' 라고 사람의 마음속에서 일어나는 대립도 갈등이라 할 수 있다.

갈등의 종류와 단계는 다양하지만 일상에서는 '말썽이 일어났

다.', '문제가 생겼다.' 라고 느낄 때를 갈등이라고 파악하면 이해
하기 쉽다.

〈 다양한 갈등 사례 〉

	당사자	대화1	대화2
개인 내	자신 대 자신	지금 일어나자	졸려 일어날 수 없다
대인 간	상사 대 부하	상사 : 특근해야 합니다	부하 : 일찍 퇴근하고 싶습니다
	동료 대 동료	동료A : A안이 좋습니다	동료B : B안이 더 좋습니다
	남편 대 아내	아내 : 아이를 데려와 주세요	남편 : 바빠서 갈 수 없어
	고객과 세일즈맨	고객 : 상품을 사실대로 설명하지 않았습니다	세일즈맨 : 고객님이 제 설명을 제대로 듣지 않았습니다
집단 내	영업부 대 생산부	영업부 : 납기를 지켜 주세요	생산부 : 이 납기는 무리입니다
	정규직 대 계약직	정규직 : 이 일을 해주세요	계약직 : 이 일은 계약 내용에 포함되지 않았습니다
	손주 대 조부모	손주 : 놀이공원에 가고 싶다	조부모 : 온천여행이 좋아
집단 간	회사 대 회사	A사 : 가격 인하를 원합니다	B사 : 너무 무리한 요구입니다
	시청 대 주민	시청 : 화장장 설립 찬성	주민 : 화장장 설립 절대 반대
	국가 대 국가	A국 : 이 섬은 우리 영토다	B국 : 그 섬은 우리 영토다

우리가 갈등 상황이 되었을 때 느낄 수 있는 반응들은 다음과
같다.

- 분위기가 소극적이 된다
- 대화방식이 공격적이 된다
- 과잉 논쟁이 되기 쉽다
- 다른 사람의 말에 면박, 험담, 비난 등의 반응을 보인다
- 타협하기 싫어한다

- 회사에 결근하는 횟수가 늘어난다
- 부주의한 행동을 보인다
- 다른 사람과 시선을 마주치는 것을 피하고, 상대방과의 대화에서 딴청 피우기를 한다

갈등을 방치하면 문제가 커진다

'호미로 막을 것을 가래로 막는다.'는 속담이 있다. 처음부터 제대로 대응을 하지 못하면 문제가 커져 나중에는 큰 손해를 입게 되니 그런 일이 생기지 않도록 미리 대비책을 세우라는 의미이다. 이 속담은 갈등 해결에도 그대로 적용된다. 특히 갈등 초기에 적절하게 대응하지 않을 경우 문제가 심각해져 나중에는 수습이 어려워진다는 것을 많은 사람이 경험을 통해 익히 알고 있다.

예를 들어 고객이 세일즈맨에게 계약 내용에 대해 질문을 했는데 세일즈맨이 깜빡 잊고 대답을 하지 않은 경우를 보자. 고객은 대답이 늦어지는 것에 대해 불만이 생기고, 머릿속은 '계약규모가 작다고 나를 무시하네.' 혹은 '뭔가 계약 내용에 문제가 있어 나를 피한다.'는 의심을 하게 된다. 세일즈맨은 고객이 불만을 제기하면 처음에는 '별거 아닌 걸로 귀찮게 한다.'고 생각해 고객과의 적절한 대화조차 시도하지 않는 경우가 있다. 이런 세일즈맨의 태도에 대해 고객은 자신이 무시당했다고 여기고 '어떻게 하면 세일즈맨을 괴롭힐 수 있을까?'를 고민하게 되는데, 심한 경우 관련 기관에 고발하는 일도 생긴다. 이런 일이 발생하면 세일

즈맨은 세일즈 활동을 중단한 채 문제 해결에 시간을 할애할 수밖에 없다. 더 큰 문제는 고객이 협조적이지 않기 때문에 사건이 해결될 때까지 세일즈맨은 상당한 심리적인 압박을 받게 되고 금전적인 손해까지 감수해야 하는 큰 피해를 입게 된다.

따라서 아무리 사소한 갈등이라도 초기에 대응하는 자세가 세일즈맨에게는 매우 중요하다. 결국 초기에 어떤 대응 방식을 선택하느냐에 따라 고객과의 관계가 더 탄탄해질 수도 있고, 고객과의 관계가 단절될 수도 있는 것이다.

갈등에도 장점이 있다

갈등이 언제나 부정적인 결과만을 만드는 것은 아니다. '비 온 뒤에 땅이 굳는다.' 는 속담처럼 상대와의 의견 대립을 해소해 나가는 과정에서 다양한 긍정적인 측면을 만날 수 있다.

〈 개인적인 면 〉
- 자신과 다른 사람에 대한 인식과 이해가 깊어진다
- 자신의 커뮤니케이션 스킬을 배울 수 있는 기회이다
- 정확한 자기평가가 가능하다
- 다른 사람의 견해를 받아들이게 되어 폭넓은 시야를 가질 수 있다
- 새로운 발상과 아이디어를 얻는 것이 가능하다
- 상대의 발상, 아이디어의 가치를 인정하는 것이 가능하다

- 다른 각도에서 사물과 관계를 보는 것은 즐겁고 새로운 경험이다

〈 조직적인 면 〉
- 갈등에 대해 구성원이 서로 말함으로써 조직의 문제를 공유
  하고 보다 좋은 대응책을 모색하여 실행하기 쉽다
- 구성원 각자가 조직의 문제에 대응해 가는 것으로 인간관계
  를 강화하고, 사기를 향상시킬 수 있다

갈등이 잘 해결되었을 때의 반응들이다. 이처럼 갈등의 긍정적
인 결과는 다음과 같은 것들이 있다.

- 관계가 개선된다
- 상대에 대한 두려움의 감소로 자신감이 증가한다
- 개인의 정신력이 강화된다
- 분노나 우울증이 감소된다
- 타인을 존중하고 존경하게 된다
- 자신을 존중하게 된다
- 상대와의 친밀감이 증가한다
- 업무의 생산성이 향상된다
- 심리적, 육체적으로 평화가 찾아온다

최대한 긍정적인 타협을 끌어내라

사람은 사회적 동물이고 다른 사람과 서로 관계를 맺으면서 생활을 하는 한 갈등은 일상 생활의 일부이기 때문에 피할 수 없다. 오늘날 비즈니스 현장에서는 갈등이 있다는 것을 전제로 갈등의 부정적인 측면을 최소화하고 긍정적인 측면을 유지하며 대처해 갈 것이 요구되고 있다. 이것이 갈등 관리이고 고객과 세일즈맨 모두가 승자가 되는 협조적인 갈등해결 방법이다.

세일즈맨과 고객 중 어느 한쪽의 주장만이 받아들여져 갈등이 해결될 때 승패가 있는 경우를 갈등해결이라고 한다. 이런 갈등해결 방법은 당장은 승자가 유리해 보이지만 장기적으로는 관계에 문제가 발생한다. 따라서 갈등해결은 승—승의 관계에 기반을 두는 협조적 문제 해결 방식을 사용할 필요가 있다. 이것을 다음 사례를 통해 설명하고자 한다.

〈사례1〉

1. 세일즈맨 '영업해'는 고객 '한고객'에게 3개월 전 '귀한상품'을 판매했다.

2. '귀한 상품'을 구입한 '한고객'은 우연히 옆집에서도 같은 물건을 사용하고 있는 것을 알고 구입 가격을 비교한 결과 옆집에서는 '덜귀한상품'을 덤으로 얻었다는 것을 알았다.

3. '한고객'은 이런 정보를 전혀 알려주지 않은 '영업해'가 서운하게 느껴져 불만을 갖고 있었다. 어느 날 '귀한상품'의 사용방법에 대해 문의하려고 '영업해'에게 전화를 했는데 다른 고객과 상담 중이던 '영업해'는 '한고객'의 전화를 건성으로 받았다.

4. 그렇지 않아도 '영업해'에게 불만을 가지고 있던 '한고객'은 '영업해'의

결과는 빠르지만 미래의 고객은 없다

승–패가 있는 해결 방법은 자신의 주장을 관철시키는 것이 우
선이기 때문에 상대방을 이기기 위해 다양한 수단과 방법을 동원
한다. 정서에 호소하기도 하고 상하 관계, 지인과의 관계를 이용
하거나 규칙과 의무를 설명하는 식으로 해결하려 한다.

실제 필자가 경험했던 일이다. 어떤 회사와 일을 진행하던 중
계약과 관련된 불만 사항이 생겼다. 그 회사는 필자의 불만 해소
를 위해 업무적인 해결 노력보다는 필자와 친밀 관계가 있는 그
회사의 세일즈맨을 동원해 문제를 해결하려고 했다. 필자는 그
세일즈맨과의 관계 때문에 불만 제기를 취소했지만 결국 그 회사
와의 거래관계는 중단됐다.

〈사례1〉에서도 '영업해'는 '한고객'에게 계약서를 거론하면서
계약을 해지할 수 없다고 주장할 수 있다. 이렇게 되면 '영업해'
는 계약을 유지하게 되어 승자가 되고, '한고객'은 계약해지를 못
하게 되어 패자처럼 보인다. 그러나 두 사람의 갈등이 여기서 끝
나면 그나마 다행이지만 그렇지 않은 경우가 대부분이다. '한고
객'은 자신을 패배자로 만든 '영업해'에게 다양한 방법을 동원해

복수하려고 할 것이다. '한고객'은 '영업해'와의 관계를 단절할 것이고, 주변 사람들에게 '영업해'에 대한 나쁜 소문을 퍼뜨려 '영업해'의 신용에 타격을 주려고 할 것이다. 이런 결과가 되면 두 사람 모두 자신의 뜻을 이루지 못하고 상처만 받게 될 뿐이다. 이처럼 인간관계의 지속을 고려하지 않고 빨리 결과를 내고 싶을 때는 승-패의 갈등 해결 방법도 유효하게 보이지만 좋은 인간관계를 유지하고 장기적인 관점에서의 결과를 고려해보면 결코 추천하고 싶은 방법이 아니다.

100% 만족 대신 본질에 맞는 해답을 찾아라

협조적 해결에서는 서로가 공통적으로 이해가능한 부분을 확대하는 동시에 문제점을 찾아 해결한다. 그래서 고객과 세일즈맨 모두가 문제를 해결하려는 목표를 갖는다. 이때 상대의 의견에 전부 찬성하는 것은 아니지만, 중요한 것은 본질적인 문제를 발견하고 문제에 적합한 대응책을 만들어 내는 것이다.

서로가 승자가 되는 갈등해결 방법을 찾으면 좋은 관계를 유지하면서 서로가 원하는 대로 해결할 수 있다. 〈사례1〉에서 '한고객'이 '영업해'에게 항의한 진짜 이유는 계약해지가 아니라 자신에 대한 관심부족 때문이다. 따라서 '영업해'는 '한고객'이 느낄 수 있는 섭섭한 감정을 빨리 읽어 주고, 서로가 원하는 결과를 얻기 위한 해결책을 마련해 보자고 제안해야 한다. 이런 '영업해'의 대응은 '한고객'의 부정적 감정을 줄여, 긍정적인 행동을 하기 쉽도록 만들었다. 비록 두 사람이 갈등을 겪었지만 서로에게 도움이 되는 해결책을 찾기 위한 노력을 했다면 서로의 신뢰를 잃지 않을 것이다. 이처럼 세일즈맨이 고객과 서로 신뢰할 수 있게 되면 관계를 개선시켜 성과 향상에도 큰 도움이 될 수 있다.

승-승의 해결 전략과 승-패의 해결 전략의 차이

문제를 해결하는 방법에는 '승-승의 해결 방법'과 '승-패의 해결 방법' 두 가지가 있는데 그 차이는 다음과 같다.

〈 승-승의 해결 방법과 승-패의 해결 방법 〉

	승-패	승-승
목 표	상대에게 이기는 것	서로에게 만족한 해결 방법을 도출
인간관계	자신 우선	서로가 협력해 가는 관계
관 점	과거와 현재 지향	미래 지향
커뮤니케이션	불신감 때문에 문제 해결을 위한 정보의 공유가 어렵다. 강한 자기 주장과 적개심을 드러내기 쉽다	신뢰감에 근거하고, 솔직하고 성실하게 서로의 정보를 교환
관 점	가치관과 신념의 차이에 주목	가치관과 신념의 공통점에 주목
전 략	강제적인 방법	서로의 노력에 의한 조정
예상되는 결 과	어느 한쪽이 불만족하거나 모두가 불만족	양자의 협력에 근거하여 모두가 만족한 결과를 도출

◉ 승-패의 해결 전략은 불필요한 적을 만든다

승-패가 있는 해결 전략의 경우 '자신이 상대에게 이기는 것'을 목표로 하기 때문에 인간관계에 대한 배려가 소홀해지게 된다. 상대와의 과거 승-패 관계를 의식하고, 일단 현재 자신이 이겼다는 사실만을 확인하려는 경향이 있다. 그러나 현재의 결과가 미래에 미칠 영향에 대해서는 별로 생각하지 않는다. 예를 들어

원청회사에서 제품가격을 낮추기 위해 하청회사에 납품 가격 인하를 원하는 경우를 보자. 원청회사에서는 납품 가격 인하가 받아들여지지 않을 경우 거래를 중지하겠다고 위협해 가격을 낮출수는 있지만, 나중에 하청회사가 다른 경쟁회사와 제휴를 하거나 결정적일 때 거래를 중단할 경우까지는 고려하지 않은 것이다.

상대에게 이기겠다고 마음먹을 경우 상대에게 유리한 정보를 주지 않는다. 또한, 상대가 일반적으로 자신을 위해 기여한 것보다는 도와주지 않았던 부분에 초점을 맞추어 자기주장을 하거나 적개심을 드러낸다. 〈사례1〉에서 '한고객' 이 '영업해' 에게 보인 태도를 보면, '영업해' 가 평소 자신에게 관심을 기울이고 노력한 부분보다는 어쩔 수 없는 상황에서 자신에게 소홀한 부분에만 초점을 맞추었기 때문에 갈등이 발생한 것이다.

또한 자신의 가치관과 다른 것에 대해서도 공격적인 태도를 보인다. "그런 사고방식을 가지고 있기 때문에 안 돼."라고 상대방을 부정한다. 자신의 불합리한 신념, 불충분한 정보에 의한 상황 파악, 상대에 대한 부정적 감정은 상대에게 반드시 이겨야 한다는 감정을 강화시켜, 상대를 이기기 위해 보다 더 강제적인 방법을 사용하게 된다.

상대를 이기기 위해서는 수단과 방법을 가리지 않고 모든 것을 동원하게 되는데, 지위와 돈이 있는 사람은 지위와 돈을 이용하여 상대를 위협함으로써 상대가 어쩔 수 없이 자신의 주장을 받아들이도록 하는 것이다. 세일즈 현장에서도 이런 사례는 흔히 일어난다. 문제를 해결하기 위해 말다툼을 하는 과정에서 세일즈맨은 고객으로부터 인격에 상처를 받기도 하는데, 이때 세일즈맨은 심한 좌절감에 빠지게 되고, 세일즈 활동에도 상당한 영향을 받게 된다.

그 결과, 일시적으로는 힘이 센 사람이 이긴 것처럼 보이지만 강제적인 방법 때문에 졌다고 생각하는 사람은 성내고 분개하며 부정적인 감정에 휩싸이게 된다. 이런 감정은 충족되지 못한 기분과 불신감을 낳고, 새로운 갈등의 불씨를 만들게 된다. 패자는 승자 앞에서 복종하고 수긍하는 것처럼 보이지만 뒤에서는 적개심, 복수심에 불타 자신이 곤경에 빠지더라도 승자를 도와주는 일은 절대로 하지 않게 된다. 결과적으로 같은 편을 잃고, 적만 만드는 결과를 가져오는게 되는 것이다.

◉승-승 전략은 장래의 좋은 결과를 기대할 수 있다

승-승을 위한 협조적인 해결 방법은 상대를 서로에게 도움이 되는 파트너로 인정하게 만드는 것이다. 다시 말하면 목표를 위해 서로가 만족되는 해결안을 만드는 것이다. 이것은 상대와의 관계를 장기적으로 유지하는 것을 전제로 하기 때문에 현재의 결과만이 아니라 만들어진 결과가 미래에 어떤 영향을 미칠 수 있을까에 대한 영향까지도 고려한다. '장래에 좋은 관계를 유지하기 위해 지금 어떻게 해야 하는가?' 는 관점에서 문제를 파악한다. 서로를 협력자로 인식하며 솔직하고 성실하게 정보를 공유하면 서로에게 도움이 되는 정보량은 훨씬 더 많아지게 된다. 이렇게 많아진 정보를 바탕으로 문제를 객관적이고 분석적으로 파악하면 문제 해결이 훨씬 쉬워진다.

〈사례1〉에서는 관계를 유지하면서 '한고객'의 요구를 만족시키는 방법을 찾기 위해 '한고객'이 알고 있는 정보와 '영업해'가 가지고 있는 모든 정보를 오픈한다. 이런 과정에서 '한고객'이 가지고 있던 '덜귀한상품'에 대한 정보가 '영업해'의 주장과 같다는 것을 알게 되면 문제 해결의 실마리는 찾은 것이다.

이처럼 의견의 차이가 있더라도 공유가 가능한 부분이 있다. 상대를 부정하고 비난하는 것이 아니라 공유가 가능한 부분을 탐색하고 그것을 기반으로 대화하면, 서로를 위해 어떤 노력을 할 수 있는가를 비교적 쉽게 찾을 수 있다.

〈사례1〉에서 보면 '한고객'을 위해 '영업해'는 주기적으로 제품 사용에 대해 조언을 해 줄 수도 있고, 다른 상품을 구입할 때 회사 차원에서 다양한 배려를 해 줄 수도 있다. 또한 '한고객'은 주변 사람에게 '영업해'를 소개하며 도움을 줌으로써 쉽게 서로를 만족시키는 새로운 대안을 이끌어 낼 수 있다. 대화를 통해 문제를 해결해 나가는 과정에서 서로에 대한 신뢰감은 더욱 커지고, 장기적으로는 공동 작업을 하기가 더 쉽게 된다.

⊙ 어느 쪽을 선택할 것인가?

승-패가 있는 방법은 단기적인 관점에서의 해결책을 찾을 수 있을지 모르지만 장기적으로는 상대에게 불신감을 주게 되고, 갈등이 확대된다. 이런 리스크를 이해한 다음 자신이 어떤 태도로 현재의 문제 해결에 임하고 있는지를 살펴볼 필요가 있다.

2. 갈등은 커뮤니케이션의 한 방법이다

갈등의 종류

세일즈 현장에서 흔히 발생할 수 있는 갈등에는 다음과 같은 것들이 있다.

사실 갈등

사실 갈등은 일상에서 흔히 겪는 갈등이다. 연예인과 관련된 루머나 주변 사람에 대한 소문 등이 이에 해당하는데 실제로 존재하는 사실을 배제한 채 자신의 주장만이 옳다고 주장할 때 발생한다.

세일즈맨이 세일즈를 하는 과정에서 가장 흔히 겪는 갈등 중 하나이다. 흔히 경험하는 것은 고객과 세일즈맨이 같은 계약서를 두고 서로 다른 주장을 하는 경우다. 세일즈에서 사실 갈등이 자주 발생하는 이유 중 하나는 거래 관행 때문이다. 계약서의 내용을 일일이 따지는 것은 서로 믿지 못하기 때문이라는 생각에서 세부적인 내용확인을 생략하기도 하고, 세일즈맨의 편의를 위해 계약서의 내용수정을 세일즈맨에게 맡기고 고객은 수정된 계약서를 받지 않는 경우도 있다. 이러다가 나중에 거래에 문제가 생기면 상황은 달라진다. 서로가 알고 있는 계약 내용이 달라 다툼이 발생하게 되는데 이것이 사실 갈등이다.

따라서 사실 갈등을 없애기 위해서 세일즈맨은 반드시 계약서의 내용과 실제 계약이 일치하도록 문서를 작성하고 고객에게도 충실하게 내용설명을 해야 한다. 고객도 자신이 구입하는 상품에 대한 설명을 자세히 듣고, 궁금한 내용에 대해서는 질문을 통해 내용을 확인하고 필요하면 계약서 옆에 설명을 쓰고 세일즈맨의 확인을 받아두는 것도 갈등을 없애는 방법이다.

평가 및 이익 분배 갈등

몇 년 전, 한 기관에서 직장인을 상대로 한 설문조사에서 응답자의 약 80% 정도가 '자신이 조직에서 우수한 사람이다.' 라는 결과가 있었다. 이와 같이 스스로 평가하는 자신의 능력이나 기여도는 다른 사람이 평가하는 것과 다르다. 평가와 관련된 갈등은 이처럼 자신이 기대하는 것과 다른 사람이 평가하는 것과의 차이에서 발생한다.

세일즈에서는 여러 사람이 공동으로 세일즈를 하고 나중에 이익을 배분하는 과정에서 갈등이 생길 수 있다. 처음부터 정확하게 역할을 정하고 이익의 비율까지 정해 놓았더라도 세일즈를 진행하는 과정에서 자신이 다른 사람보다 더 많이 기여를 했다고 평가하면 '다른 사람보다 내가 더 많은 일을 했는데 왜 내가 더 적게 받아야 하는가?' 라는 불만이 생기게 되는 것이다.

세일즈 조직에서도 이런 갈등이 생길 수 있다. 세일즈맨들은 자신의 활동 결과에 대해 유형무형의 인정을 받고 싶어하지만 세일즈 매니저의 인정은 자신의 기대에 미치지 못할 때가 많다. 필자는 세일즈 매니저의 반응에 실망한 세일즈맨이 소극적으로 세일즈 활동을 하기도 하고 심한 경우에는 세일즈를 그만 두는 경우도 경험했다.

이런 갈등을 방지하기 위해서는 평가와 이익 분배에 관한 기준을 명확히 정하고, 일을 하는 과정에서 수시로 자신이 상대에게 원하는 것을 말해야 한다. 세일즈 매니저는 세일즈맨을 다른 세일즈맨과 비교하는 상대평가가 아닌 객관적인 자료를 통해 세일즈맨을 격려하고 지지하도록 노력해야 한다.

자신의 이익 추구 갈등

자신의 이익 추구 갈등은 사람이라면 누구나 자신의 이익을 위해 움직인다는 원칙과 관련된다. 고객은 거래를 통해 이익을 얻을 수 있을 경우에만 구매를 한다. 즉 구입하는 상품의 가치가 지불해야 하는 가격보다 클 경우 상품을 구매한다는 것이다. 반대로 세일즈맨은 판매를 해야 이익을 얻을 수 있다. 고객과 세일즈맨 모두 자신의 이익만을 추구할 때 갈등이 생겨난다.

(인간)관계 갈등

관계 갈등은 상대방과의 관계에서 발생하는 갈등으로 일상에서 가장 흔하게 경험하는 갈등이다. 상대방과 생각이나 가치, 경험 등이 다를 때 마찰이 생기면서 갈등으로 발전하게 된다.

관계 갈등은 세일즈맨의 성과에 큰 영향을 미친다. 세일즈를 시작하는 사람들이 가장 먼저 접근하는 대상은 자신과 가까운 지인들이다. 이때 고객이 구매를 결정하는 요소는 세일즈맨과의 관계이지 제품 그 자체는 그리 중요한 것이 아닐 수 있다. 그러나 세일즈맨과 갈등이 발생할 경우에는 상황이 달라진다. 고객은 세일즈맨과의 관계를 상품을 통해 유지했지만 갈등이 발생한 경우에는 세일즈맨과 우호적인 관계를 유지할 필요가 없기 때문에 상품 구매를 중단하는 것이다.

잠재적 · 표면적 갈등

갈등의 상태에 따라 잠재되어 있는 경우에는 잠재적 갈등, 갈등이 서로가 알 수 있도록 나타나고 있을 때를 표면적 갈등이라고 한다.

갈등이 발생하는 이유는 복합적이다. 예를 들어 어떤 상품을 구입한 고객이 제품을 사용하다 고장이 났다고 가정하자. 사자마자 고장이 난 제품에 대해 실망하면서 세일즈맨에게 전화를 한다. 전화를 받은 세일즈맨은 제품 자체의 하자보다는 사용자의 부주의로 인해 생긴 일이라고 대답을 한다. 이 말을 들은 고객은 화가 나서 반품을 요구하고, 반품 요구를 받은 세일즈맨은 계약

서에 고객의 부주의로 인한 것은 분명히 반품이 되지 않는다고
말하고, 고객은 그 설명을 들은 사실이 없다고 주장한다. 이러면
서 서로 큰 소리로 말하고 나중에는 막말까지 하게 되면서 서로
의 관계가 단절되는 결과를 가져온다.

이 상황에서 고객이 반품을 요구하는 것은 자기 이익 추구 갈
등이다. 세일즈맨이 계약서의 내용에 대해 말한 것은 사실 갈등
에 해당된다. 큰 소리로 막말까지 하는 것은 관계를 해치는 관계
갈등과 함께 갈등이 표면화된 표면적 갈등인 것이다.

감정이 갈등을 좌우한다

갈등에서 가장 중요한 역할을 하는 것은 감정이다. 이미 설명
한 것처럼 감정은 우리에게 에너지를 제공하고 동기를 부여해 주
는 역할을 한다. 갈등 상황에서 감정은 우리가 사건의 본질을 보
기 보다는 먼저 행동을 하게 만드는데 이것은 아주 오래전부터
우리의 생존을 위해 내려온 생존 방식이다. 우리는 스스로 안전
하지 못하고 위협을 받는다고 느끼면 생존을 위해 호르몬이 분비
되면서 언제든지 상대에게 반격할 준비를 하게 되는 것이다.

갈등 상황에서 우리는 다양한 감정들을 느끼게 되는데, 가장
대표적인 것이 '화' 이다. 화가 나는 이유는 기대한 것과 현재 상
태와의 차이 때문인데 기대가 크면 클수록 화가 더 나게 된다. 이
렇게 화가 날 때는 에너지가 끊임없이 몸속에서 나오게 되는데,
그 에너지를 처음에는 다른 사람을 비난하는데 사용하다가 어느

정도 시간이 지나면 자기를 비난하는 것에 사용하게 된다.

예를 들어 앞에서 구입한 상품의 예를 보자. 처음에는 그 상품을 판매한 세일즈맨에게 비난을 퍼붓다가 그 후에는 '바보같이 내가 왜 저런 사람으로부터 물건을 샀을까?', '왜 이 브랜드의 상품을 샀을까?', '나는 왜 신중하지 못할까?'와 같이 자신을 비난하게 된다.

우리는 알게 모르게 감정에 상처를 받으면 상대와 나에 대한 비난이 격화된다. 비난이 격화되면 오로지 상대를 이겨야 한다는 목적으로 수단과 방법을 가리지 않게 되고, 지금 내가 하고 있는 행동이 나중에 어떤 결과를 가져올지에 대해 고려하지 않으며, 부정확한 표현을 쓰게 되고 잘못된 판단을 하게 된다. 이런 일들이 반복되면서 상대에 대한 더 큰 오해와 갈등을 만들어 내는 것이다.

갈등의 발전 단계

이런 갈등이 진행되는 양상을 보면 먼저 상대에 대한 경험을 하게 된다. 경험의 결과에 따라 상대방에 대해 '저 사람은 ~사람이다.'라고 확신하게 된다. 예를 들어, 세일즈맨과 거래를 하는 과정에서 세일즈맨이 몇 번 약속시간에 늦게 나오게 되면 고객은 '저 사람은 상대방과의 약속을 별로 중요시하지 않는 사람이다.'라는 믿음을 갖게 된다. 불신 상태에서 또 다른 문제가 발생하면 고객은 세일즈맨에 대해 '믿을 수 없는 사람이 믿을 수 없는 행동을 했다.'는 확신 속에 상대방에 대해 화를 내고 비난하게 된다. 이런 말을 들은 세일즈맨은 고객의 반응에 억울함을 느끼면서 자신도 고객에게 정확하지 않은 판단으로 반응하고, 이런 일들이 반복되면서 서로에게 상처를 주고받게 된다.

이 과정을 세 단계로 나누면 다음과 같다.

1단계 : 서로가 승—승 할 수 있는 단계이다

이 단계에서는 심리적으로 긴장하고, 서로의 견해에 대해 논쟁하고, 상대를 이기기 위해 말보다는 행동을 하는 단계이지만 서로의 감정을 읽고 이해하는 등의 노력을 하면 오히려 서로를 더 잘 이해할 수 있는 결과를 가져오기도 한다.

2단계 : 승—패가 갈리는 단계이다

이 단계에서는 서로 자기말이 옳다는 것을 주장하기 위해 주변 사람들을 끌어 들이기도 한다. 고객은 고객대로 세일즈맨은 세일즈맨대로 자신에게 도움을 줄 사람을 찾게 되면서 편이 갈리게 되는데, 특히 고객과 세일즈맨을 동시에 아는 사람은 큰 곤경에 빠지게 된다. 자신의 정당성을 주장하기 위해 두 사람은 서로가 자기편이 되어 달라고 부탁을 하는데, 부탁 받은 사람은 이러지도 저러지도 못할 상황이 되는 것이다.

이 상황에서 어느 한쪽 편을 들게 되면 그 사람은 승자가 되고, 다른 사람은 패자가 된다. 패자가 된 사람은 승자뿐만 아니라 승자를 편들어준 사람도 원망하기 때문에 모든 사람과의 관계가 단절될 수 있다.

이런 단계는 상대방을 위협하는 수준까지 발전하게 된다. 이 상황에서는 서로의 입장을 잘 이해하고 중립적인 위치에 있는 전문가의 도움을 받으면 갈등이 해결될 수 있다.

3단계 : 패-패만 존재하는 단계이다

분한 마음을 억제할 길이 없는 당사자들은 상대에게 피해를 줄 수만 있다면 자신은 어떤 희생이라도 감수하겠다는 생각으로 상대방에게 결정적인 피해를 주기 위해 행동하게 된다. 세일즈맨에게 억울한 마음을 품은 고객이 거짓으로 감독 기관에 고발을 하거나 인터넷 등에 비난의 글을 올리는 것도 이런 목적 때문이다. 이 경우에는 감정의 영향으로 자신의 행동이 어떤 결과를 낳고, 그것이 자신에게 어떤 영향을 줄 것인지에 대해서는 상관하지 않는다. 단지 상대방에게 피해를 줄 수만 있다면, 내가 상대방을 이길 수만 있다면 그것으로 충분히 보상 받을 수 있다는 것이다. 그리고 가장 극단적인 경우는 상대방의 목숨까지도 빼앗으려고 하는 경우이다. 이런 단계에서는 객관적인 제3자가 개입하더라도 해결되지 않을 가능성이 크다.

3. 갈등을 즐기면 해답이 보인다

상대를 인정하라

우리는 보통 대화를 할 때 상대가 말을 하면 그 말을 액면 그대로 받아들이기보다는 일단 자신의 체험이나 지식, 그리고 상대방에 대한 기억 등을 떠올리면서 자기 나름대로 해석하게 된다. 예를 들어 아이가 넘어져 무릎에서 상처가 나 울고 있는 장면을 봤을 때, 부모는 자신이 어렸을 때 넘어져서 얼마나 아팠던가를 떠올리게 된다. 그때 정말로 아팠던 기억이 있는 부모라면 아이가 우는 것을 인정하지만 별로 아프지 않았던 부모라면 우는 아이를 오히려 야단치게 될 것이다.

이처럼 항상 판단의 근거가 자신의 체험이나 지식, 기억이 되면 상대와의 관계가 단절되기 쉽다. 현재 나는 정말로 아픈데 이것을 알아주지 않는 부모가 아이의 입장에서 보면 얼마나 야속하겠는가? 이런 일들은 세일즈맨과 고객과의 관계에서도 동일하게 발생한다.

필자에게는 개인적으로 의미 있어 소중히 간직하는 겨울 코트가 있다. 장모님께서 은퇴하시면서 마지막 월급으로 사주신 것인데 몇 년 지난 후 단추가 떨어져 구입한 매장에 가서 단추를 달아달라고 부탁했다. 그러자 그 매장 매니저는 필자에게 비슷한 단추 2개를 주면서 집에 가서 직접 달라고 하는 것이었다. 이런 일이 발생한 것은 필자가 수선을 원했던 코트가 그 매니저의 매장에서 팔았던 수많은 코트 중 하나라고만 생각했지 고객에게 어떤 의미가 있는지는 전혀 고려하지 않았기 때문이다.

필자가 실제로 경험한 것은 고객의 불만이나 문제제기에 대해 대부분의 세일즈맨들이 고객 탓으로 돌린다는 것이다. '그런 것도 몰라 묻고 있다.', '설명할 때 제대로 듣지도 않고…….', '계약 규모도 작으면서 요구는 높아서 정말 귀찮다.' 는 반응들을 보였다.

대부분의 고객은 세일즈맨이 자기에게 관심을 기울여주기를 바란다. 세일즈맨에게 고객은 많은 고객 중의 한 사람이지만 고객에게 그 세일즈맨은 전부이기 때문이다. 따라서 세일즈맨은 고객의 소리에 대해 자신의 기준으로 판단하고, 결정하는 것이 아니라 고객의 입장에서 생각하고 행동하는 것이 중요하다. 아무리 사소한 것이라도 고객에게는 굉장히 의미 있고 중요한 것일 수 있기 때문에 정성을 다해 고객의 소리를 듣는 것이 세일즈맨의 역할이라고 할 수 있다.

상대를 인정하는 것은 상대와의 관계에서 신뢰와 친밀감을 쌓는 지름길이 된다. 따라서 세일즈맨은 고객이 화를 내면 화가 났다는 것을, 슬퍼하면 슬퍼하고 있다는 것을 있는 그대로 받아들이는 것에서부터 대화를 시작해야 한다.

〈사례1〉의 경우에도 '한고객'이 계속 화를 내면서 주장하는 것에 대해 '영업해'가 단순하게 억지 주장이라고 생각하면 일이 해결되기는커녕 더 큰 문제로 발전할 수 있다. '한고객'은 자신의 정당성을 인정받기 위해 점차 주장하는 수위를 높일 것이기 때문이다.

이런 경우에는 반사적으로 반응하기 보다는 '한고객'이 화를 내는 태도 그 자체를 인정하고, 도대체 무엇이 '한고객'으로 하여금 그렇게 화가 나게 만들었는가에 관심을 갖고 살펴봐야 한다. 이렇게 되면 단순히 억지 주장이라고 생각하면서 회피하던 '한고객'의 태도에 관심을 갖게 되고 '한고객'을 도와줄 방법을 찾을 수 있는 단초를 발견할 수 있다.

사람과 문제를 분리시켜라

보통 고객은 불만을 표현할 때 화를 내는데 세일즈맨은 고객이 화를 내는 모습을 보면 두려움이 생겨 쉽게 접근하지 못하고 상대를 피하게 된다. 아니면 "진정하세요. 알만한 분이 왜 이러세요?"와 같이 이성에 호소하는 말로 고객을 진정시키려고 한다. 미국의 가트먼 박사는 사람의 맥박수가 분당 100회를 넘어가면 비록 그 사람이 상대의 말을 들으려고 노력하더라도 제대로 다른 사람의 말을 들을 수 없다는 것을 발견했다. 즉, 우리가 아무리 이성적으로 말하더라도 상대는 그것을 받아들이기 어렵다는 것이다.

사람은 어떤 사건을 만나면 두 가지 반응 중 하나를 택하게 된다. 상대의 말이나 행동에 대해 반사적으로 반응하는 것과 숙고한 다음 반응하는 것이다. 반사적 반응이 일어날 때는 사람에게 초점을 맞추게 된다. 그 사람의 성격, 과거의 경험, 연령, 직업 등 상대방의 특성이 불만 요인이 된다.

예를 들어 고객과의 약속 때문에 급한 마음으로 운전하고 있는데, 신호가 바뀌어도 출발하지 않는 자동차를 볼 때 우리는 흔히 이렇게 반응한다. '바보라 신호가 바뀐 줄도 모르네.', '멍청아, 너 같은 사람이 어떻게 운전면허를 땄지?', '집에 있지 왜 차를 끌고 나와서…….', '도대체 뭐하고 있는 거야!'

우리가 보통 하는 반응을 자세히 살펴보면 모든 반응들이 그 사람에 대한 추측이라는 것을 발견하게 될 것이다. 이런 생각들은 다른 사람의 행동을 심각한 문제가 있는 것으로 과장해서 평가하고, 그런 모습이 일시적인 것이 아니라 아주 오랫동안 계속될 것으로 가정하고 반응한다. 이것이 바로 비난이 문제 해결에 효과적이지 않은 이유이다. 문제에 초점을 맞추기 보다는 변화할 것 같지 않고, 변화하게 할 수도 없는 사람에게 초점을 맞추는 것이다. 이런 반응을 반사적 반응이라고 하는데, 이것은 문제 그 자체에 대한 접근이 아니고 나를 화나게 한 문제를 해소하는 것에 대한 접근이다. 결과적으로 해결책을 찾는데 희망이 없다고 느끼게 되고, 좌절을 극복할 수 없고 부당한 것처럼 보이게 만든다.

때때로 우리가 좌절감을 느낄 때 남을 비난하는 대신에 자기 자신을 경멸하고 비난하는데 이 반응은 겉으로 잘 드러나지 않는다. 대부분의 사람은 겉으로는 남을 비난하지만, 속으로는 자신을 탓한다. 이런 자신에 대한 억압은 상대방을 향해 적대심을 품는 것과 같은 프로세스에서 나온다. 비난의 화살을 단지 자신의 내부로 돌리는 것 뿐이다. 반사적 반응이 일어날 때의 결과는 자신의 뜻을 관철하기 위해 무력을 사용하거나 파괴적인 행동을 할 수도 있다. 결과적으로 반사적 반응은 문제를 해결하려는 우리의 능력을 손상시킨다.

또 다른 반응은 상황을 숙고해 보는 것이다. 화를 내기보다 상대방이 하는 행동의 원인을 궁금해하면서 문제를 해결하려는 자세이다. "무슨 일이 저 사람을 저렇게 행동하게 했을까?", "내가 저 사람을 위해 할 수 있는 일은 무엇인가?"와 같은 질문을 자신에게 던지면서 상대가 직면하고 있는 문제를 함께 해결할 준비를 하는 것이다. 이 상황에서 우리는 상대방이 합리적이라고 가정하고 상대방의 전반적인 상황을 이해하면, 그들의 행동이 합리적이라고 생각한다. 우리는 상대방의 행동이 옳았다고 동의하지 않을지 모르지만 어쨌든 상대가 내가 모르는 어떤 상황에서 그렇게 했다고 가정하는 것이다. 이 가정이 우리가 사람을 대하고, 문제를 해결할 수 있는 가능성에 접근하는 방식의 기반이 된다.

앞의 자동차 운전자의 사례에서 그 운전자가 차를 출발하지 못한 것은 시동이 꺼졌거나, 아니면 발밑에 음료수 통이 갑자기 들어가 이것을 꺼내려고 출발이 늦어졌을 수도 있기 때문이다. 숙고하는 자세는 상대방의 능력과 성격을 공격하거나 대면하는 것을 피하기 위해 숨기 보다는, 상대를 찾아가서 대화하고 납득할 수 있도록 설명하도록 이끈다. 이 반응은 신체적 건강, 능률, 기분과 상대와의 관계를 지속시키는 능력 등 여러 측면에서 유리하다.

〈사례1〉에서 '한고객'에 대해서도 기존의 관계에서 오는 반사적 반응이 작용할 수 있다. '한고객'이 한 말이나 행동을 무시하거나 반박하려고 할 가능성이 있기 때문이다. '한고객'의 반응에 대해 감정을 걷어 내고 문제의 본질이 무엇인지를 살펴야만 문제를 해결할 수 있다.

상대의 감정을 읽어라

과거에 화가 났던 사건을 기억해 보자. 어떤 때 화가 가라앉았고, 어떤 경우에 오히려 화가 더 심해졌는가? 아마도 대부분의 경우 상대가 내 감정을 이해하고, 읽어 줬을 때 화가 누그러지는 것을 느꼈을 것이다. 화가 난 사람은 자신의 마음을 상대가 몰라주면 답답한 마음에 오히려 더욱더 거친 반응을 보이기 마련이므로 상대의 마음을 읽어 주는 것이 매우 중요하다.

이렇게 상대의 감정을 읽어 주는 것을 공감이라고 한다. 내가 공감을 하거나 공감을 받는다는 것은 상대가 나를 인정하고 이해한다는 것을 느낀다는 것이다. 사람들은 종종 상황을 악화시킬 것이라는 두려움 때문에 어려운 문제에 직면하는 것을 회피한다. 부정적인 경험들 때문에 직접적인 대화는 너무 위험이 크다고 확신하거나, 물결이 거친 감정의 바다를 항해할 능력이 부족하다고 단정한다. 자신은 화를 다룰 수 없다는 두려움을 가지고 화가 나는 폭발적인 상황에 직면하기보다는 스스로 마음이 위축되거나 상대를 비난하면서 상황을 모면하려고 한다.

상대가 아무리 화가 나더라도 공감을 하게 되면 점차 화가 가라앉게 된다. 사람의 맥박이 100회 이상일 경우 이성적으로 상대의 말을 받아들일 수 없다고 앞에서 설명한 것처럼 화가 난 사람에게는 아무리 "진정하세요."라고 말해도 진정시킬 수가 없다. 미국의 가트먼 박사는 96%의 확률로 대화가 시작된 것과 같은 에너지로 대화가 끝이 난다는 것을 발견했다. 날카로운 시작은 날카로운 결말을 유도한다. 그리고 인정으로 시작된 대화는 거의 항상 인정으로 끝나게 되어 있다.

이럴 때는 오히려 "고객님, 화가 많이 나셨네요. 제가 어떻게 하면 좋을까요?"라고 상대에게 물어보는 것이 훨씬 효과적이라는 것이다. 이때도 주의할 점이 있다. 상대를 충분히 공감해 주고 난 다음 자신이 하고 싶은 말을 하라는 것이다. 화가 난 사람들은 보통 아래와 같은 감정을 느끼게 된다.

화나는	끓어오르는	속상한	약 오르는	분한	울화가 치미는
분개한	억울한	열 받는	답답한	섭섭한	불안한
절망스러운	외로운	허탈한	초조한	걱정되는	

하트매스(HeartMath) 사는 생체반응 자료를 이용해서 사람들이 인정을 느끼면서 말할 때 그들의 신체 리듬은 일관성이 있고, 최

상의 상태로 기능할 수 있게 하는 감정적, 신체적, 지적 리듬의 동조화를 경험한다는 것을 밝혀냈다. 이 심리 상태에서 사람들은 긴장이 이완되고, 머리가 맑아지면서 수용적이 된다.

구체적인 행동에 대한 공격이 아니라 그 사람에 대한 공격의 결과가 가져오는 창피한 감정은 행동의 개선을 별로 혹은 전혀 가져오지 못하게 하고, 실제로 상대방에 대한 화를 초래한다. 따라서 대화를 효과적으로 끌어가기 위해서는 사람들이 자신의 행동을 바꾸기 전에 자신이 상대에게 받아들여진다는 느낌을 갖게 하는 것이 필요하다는 것을 기억해야 한다.

상대방의 감정을 읽어주는 공감과 상대방이 주장하는 사실에 동의하는 것은 다르다. 고객이 감정에 휩싸여 있는 동안에는 고객이 합리적으로 사건을 해결할 수 없기 때문에 공감을 통해 고객의 격앙된 마음을 가라앉히는 것이 가장 중요하다. 충분한 공감을 통해 고객과의 대화가 가능하다고 판단될 때 비로서 문제 해결을 위한 고객과의 대화를 시작할 수 있는 것이다.

따라서 '한고객'의 사례에서도 충분히 감정을 읽어주는 것만으로도 감정으로 인해 만들어지는 에너지의 레벨을 낮출 수 있다. 상대와 충분히 공감하게 되면 상대도 문제의 본질에 접근할 수 있을 만큼 차분해지면서 스스로 자신을 돌아보게 된다. 이때에야 비로소 당사자 모두 문제의 본질에 접근하고 해결책 마련의 필요성을 느낄 수 있게 된다.

상대의 욕구를 파악하라

앞에서 사람들이 하는 모든 행동에는 목적이 있다고 설명했다. 이런 목적을 욕구라고 하는데, 상대가 화를 내면 뭔가 충족되지 못한 욕구가 있다고 이해해야 한다. 예를 들어 1년 전 백화점에서 구입한 핸드백이 고장이 났다고 하자. 이 경우 많은 사람은 '혹시 내 과실이라고 여겨 수리비를 많이 달라고 하면 어떡하지?' 와 같은 두려운 감정을 느끼면서 백화점에 들어가게 된다. 이런 두려움을 느끼는 배경에는 '내가 말하는 것을 저 사람들이 믿어줄까?' 라는 '인정' 받고자 하는 욕구가 있기 때문이다. 이렇게 '인정' 이라고 하는 것을 우리는 욕구 혹은 니즈라고 한다.

세일즈맨이 세일즈를 하면서 가장 힘들어하는 것 중의 하나가 고객으로부터 불만을 듣고 처리해야 하는 것이다. 그러나 그 이면에 항상 고객이 원하는 니즈가 있다는 것을 이해하면 고객의 행동에 반사적으로 대하는 것이 아니라 오히려 고객의 행동을 이해하기 쉽게 될 것이다.

따라서 먼저 고객의 감정을 읽어 주고, 질문과 경청을 통해 고객이 진정으로 원하는 것이 무엇인지를 파악하는 것이 필요하다. 이런 과정에서 오류를 범하기 쉬운 것이 대부분의 세일즈맨이 세일즈를 하는 목적이 금전적인 이득이기 때문에 고객이 클레임을 제기하는 목적도 금전적일 것이라고 추측한다. 그래서 세일즈맨은 문제 해결을 돈으로 하려는 경향이 있는데, 이것은 아니라는 것이다.

실제로 필자가 고객 클레임을 처리하면서 경험한 것은 표면적으로는 '계약취소'를 원하지만 그 뒤에는 세일즈맨이 계약 후 자신에게 전혀 관심을 보이지 않아 자신이 무시당했다는 생각 때문에 클레임을 제기한 경우도 종종 볼 수 있었다. 대부분 세일즈맨의 행동을 보면 계약 전에는 열심히 고객에게 관심을 보이다가도 계약이 마무리되면 차츰 관심이 줄어드는 경향이 있다. 어찌 보면 당연한 결과일수도 있지만 고객의 입장에서 보면 실망스럽고 심지어 배신감을 맛보게 만드는 행위이다. 따라서 세일즈맨이 기존 계약자에게 지속적으로 접촉하고 관심을 보이는 것이 클레임을 줄이는 가장 쉬우면서도 효과적인 방법이 될 것이다.

〈사례1〉의 경우에도 '한고객'은 자신의 주장을 인정받고 싶어했고, 세일즈맨과의 관계를 지속적으로 유지하고 싶은 욕구가 있었지만 자신이 정말로 원하는 바를 '영업해'에게 정확하게 표현하지 못해 상호 존중이나 신뢰가 형성되지 못했다. '영업해'의 경우에도 '한고객'이 무엇을 원하는지 정확하게 파악하지 못했고, 이것은 '한고객'의 마음을 제대로 읽지 못했기 때문에 서로 신뢰하는 관계로까지 발전하지 못하게 된 것이다.

대안을 제시하라

이제 상대의 욕구를 파악했다면 상대의 욕구를 충족시켜주는 방법을 찾기만 하면 된다. 여기서 중요한 것은 항상 나와 상대의 욕구가 다 같이 충족될 수 있는 방법을 찾을 필요가 있다는 것이다. 예를 들어 가족이 외식을 한다고 가정하자. 첫째는 우동을, 둘째는 불고기를 먹고 싶다고 할 때 어떻게 이것을 해결할 수 있을까? 외식을 취소할 수도 있고, 우동 혹은 불고기 둘 중에 하나를 고를 수도 있을 것이다. 하지만 이렇게 되면 승자와 패자가 나올 수 있을 뿐만 아니라 가족 모두가 패자가 될 수도 있다. 가족이 외식을 하는 목적은 가족이 즐거운 시간을 보내면서 서로의 애정을 확인하고 소통하는 것인데, 어느 한쪽의 의견을 따를 때는 이런 목적 자체를 달성할 수 없기 때문이다.

이것을 해결하기 위해서는 양쪽 모두 항상 승자가 되기 위한 방법을 고민해야 한다. 가장 손쉬운 방법은 우동과 불고기 모두 먹을 수 있는 음식점을 선택하거나, 불고기를 먹을 수 있는 식당에서 우동을 배달시켜 먹는 것이다.

또 다른 방법은 아이들이 음식을 선택한 진정한 목적을 파악하는 것이다. 첫째가 우동을 먹고 싶은 이유로 "날씨가 추워 따뜻한 국물이 필요해서……."라는 말을 들을 수 있다. 다음에 둘째는 "어제 드라마에서 본 음식이 너무 맛있어 보여서……."라는 대답이 나왔다. 이럴 때 해결할 수 있는 것은 '따뜻한 국물이 있는 맛있는 음식' 이다. 이것을 해결할 수 있는 메뉴를 찾으면 되는데 갈비탕, 곰탕 아니면 육수가 많은 불고기가 될 수 있는 것이다.

이처럼 상대의 욕구가 제대로 파악되기만 하면 문제의 해결은 의외로 쉽게 될 수 있는데도 어렵게 느껴지는 것은 상대의 표면적인 주장에 초점을 맞추기 때문이다. 갈등은 표면적인 것과 심층적인 것으로 나눌 수 있는데 심층적인 것이 바로 욕구이다. 앞의 예에서 우동이나 불고기는 표면적인 것이고, 따뜻한 국물이나 맛있는 음식은 욕구가 되는 것이다.

갈등을 해결하기 위해서는 상대의 욕구에 초점을 맞추어야 한다. 표면적인 주장에만 매달리게 되면 도저히 해결책을 찾을 수 없기 때문이다. 앞의 사례에서도 우동과 불고기라는 메뉴에 초점을 두게 되면 두 메뉴의 공통점이 없기 때문에 답을 찾을 수 없게 된다.

〈사례1〉에서도 두 사람 모두 관계를 유지하고 상호 신뢰를 원한다는 것을 알 수 있었다. 이를 위해 두 사람이 감정을 내려놓고 아이디어를 생각해 내면 많은 것을 찾아낼 수 있을 것이다. '영업해'가 '한고객'을 오해한 것에 대해 미안한 마음을 표현하고, 회사의 프로모션에 사용된 서류 등 객관적 자료를 보여주면 '한고객'은 자신의 행동을 살펴보게 될 것이다. 이 후 '영업해'가 다음 거래 때 '한고객'을 우대할 수 있는 프로그램을 찾아본다거나 '한고객'은 주변 사람들에게 '영업해'의 활동을 돕기 위해 열심히 홍보 하는 일 등을 할 수 있다.

이 세상에 나와 똑같은 사람은 아무도 없다. 우리가 나와 다른 사람을 수용하기 위해서 가장 먼저 해야 할 것은 상대방이 말하거나 행동하는 목적을 먼저 살피는 것이다. 상대방의 행동에 대해 호기심을 갖고 의도를 파악하게 되면 상대방을 이해하기가 훨씬 쉬워질 것이다. 그 다음에는 상대방과 나와의 차이를 발견하는 것이 아니라 상대방과 나와의 공통점을 먼저 찾아보는 것이다. 이런 공통점을 바탕으로 상대방이 원하는 것과 내가 원하는 것 모두를 충족시킬 수 있는 방법을 자유롭게 탐색해 보는 것이다. 이런 방법이 처음에는 매우 어색하지만 인내력과 자신감을 가지고 꾸준히 연습하다 보면 어느 순간 마음이 편해지면서 서로가 원하는 해결책을 찾는 기쁨을 느낄 수 있게 되는 것이다.

지금까지 갈등을 해결하기 위한 프로세스를 설명했다. 실제로 세일즈에서 고객과의 갈등을 해소하기 위한 대화 방법은 다음과 같다.

⊙ 관계를 확인하라

"저는 당신과 대화를 하고 싶습니다. 왜냐하면……."

세일즈맨은 고객에게 고객과의 관계를 중시하고 그것을 지켜나가고 싶다고 말한다.

⊙ 사실을 말하라

"저는 고객님이 ~~하는 것을 보았습니다(들었습니다)."

세일즈맨 자신의 생각이 아닌 객관적인 사실을 정확하고, 구체적으로 말한다. 필요하다면 숫자를 이용한다.

⊙ 도움을 요청하라

"고객님, 제가 이해할 수 있도록 도와주실 수 있습니까?"

공감을 통해 고객의 감정을 읽어주면 고객의 감정은 서서히 가라앉게 된다. 이때부터 고객은 사건의 본질에 접근할 수 있다. 질문과 경청을 통해 보이지 않는 어떤 압력이 고객의 행동에 제약을 가하고 있는지 확인한다. 그리고 피치 못할 사정이 있는지 확인한다.

⊙ 자신이 원하는 것을 말하라

"저는 고객님이 ~~하기를 원합니다."

서로가 원하는 욕구를 찾기 위해서는 솔직한 대화가 필요하다. 과거에 집착해서는 관계를 개선할 수도, 문제를 해결할 수도 없다. 고객의 문제가 해결된 후 미래의 어떤 모습을 원하는지 물어보고, 서로가 할 수 있는 이상적인 행동이나 결과를 묘사한다.

⊙ 무엇을 할 것인지 알려라

"저는 ~~하겠습니다."

문제를 해결하기 위해 고객은 무엇을 할 수 있는지, 해결책을 도출하기 위해 세일즈맨이 해야 할 것은 무엇인지를 서로 토의한다. 결과는 실행 가능한 것으로 구체적으로 제시한다.

이것을 표로 정리하면 다음과 같다.

순서	갈등 해결 프로세스	대화 방법
1	상대를 인정하라	관계를 확인한다
2	사람과 문제를 분리시켜라	사실을 말한다
3	상대의 감정을 읽는다	고객의 행동을 이해하기 위해 도움을 요청한다
4	상대의 욕구를 파악하라	자신이 원하는 것을 고객에게 말한다
5	대안을 창출하라	자신이 하고자 하는 것을 언급한다

비난은 백해무익하다

감정적인 백치상태를 피할 수 있다

비록 감추어져 있지만 타당한 이유를 가지고 있는 자신의 행동에 대해 고객, 동료, 가족, 낯선 사람에게 소리 지르는 당신 자신을 보고 스스로 바보라고 조롱하지 않을 것이다. 상대가 왜 그런 행동을 하는지 원인을 궁금해 하고, 관심을 가지려는 습관을 들이면 이성이 당신의 중심을 차지할 것이다. 우리가 감정적으로 몰아치고, 심장박동이 100회를 넘어설 경우에 상대의 말을 들으려고 해도 들을 수 없다는 사실을 기억하자.

질병을 줄일 수 있다

감정적으로 몰아치는 횟수를 줄이면 심장관련 질환과 코티손이라는 호르몬의 과잉 생산의 위험으로부터 자신을 보호할 수 있다. 코티손은 진정하는 것을 가로막고, 노화를 촉진하고, 심장과 연결된 세포를 손상시키는 것과 관련된 호르몬이다.

긍정적인 상호성이 발생한다

오랜 세월 동안 우리는 말투, 눈 맞춤, 적절한 제스처 등으로 상대와 상호성을 만들어 왔다. 우리가 만든 상호성은 부정적, 중립적 혹은 긍정적일 것이다. 우리 자신의 행동에 계속해서 영향을 받는 최종적인 터미널이기 때문에 긍정적인 상호성을 만드는 것은 우리에게 무척 이롭다. 주변 사람들이 우리에게 무슨 말을 하더라도 우리가 이 세상의 주인공이라는 것을 명심해야 한다.

사람들은 함께 하기를 원한다

목표를 향해 나아갈 수 있고, 세일즈에 도움줄 수 있는 핵심 인물과 좋은 관계를 유지하면 문제를 해결해 줄 것이고, 협력자를 얻을 수 있게 도와줄 것이다. 자신이 제삼자와 같이 문제를 해결하기를 원한다면, 그 기술과 방법은 자신의 내부에 존재하고 있다. 이것을 이용하는 것은 분노와 감정의 몰아침이 다른 사람들에게 자연스러운 것처럼 당신에게도 자연스러운 것이 될 것이다.

신뢰를 얻을 수 있다

나이가 들수록 사고방식은 점점 반사적이 되고, 다른 사람의 반응을 덜 의식하게 된다. 다른 사람에 대해 자동적으로 나오는 비난은 자신을 사람들로부터 고립되게 만들고, 자신도 더 냉소적이고 무지하고 편협하게 변하도록 만들 것이다. 당신은 계속해서 비난, 불신, 부정적 순환의 막다른 골목으로 몰릴 것이다.

반대로 좌절에 대한 당신의 반응이 호기심, 관심, 열정으로 이루어진다면 당신은 효과적이고, 진실 되고, 믿음직스럽고, 강력한 해결사로서의 평판을 지켜갈 것이다.

여기에 건강한 갈등 관리는 긍정의 에너지를 생성하며, 이는 좌절을 감소시키게 된다. 당신은 사람들 간의 상호작용의 바퀴에 윤활유를 치기 위해서 그것을 의식적으로 사용할 수 있으며 그것은 당신의 직업적 성공, 인간관계, 심장에 유익하다. 그것은 모든 상호작용, 기회, 도전의 질을 결정하기도 하며 당신 자신, 고객, 동료, 사랑하는 사람들에게 줄 수 있는 최고의 습관이 될 수 있다.